大成陶书

融合：
语文跨界
很好玩

刘　莉　杜　玉——主编

四川大学出版社
SICHUAN UNIVERSITY PRESS

图书在版编目（CIP）数据

融合：语文跨界很好玩 / 刘莉，杜玉，文陈平主编
. — 成都：四川大学出版社，2022.3
ISBN 978-7-5690-5337-1

Ⅰ．①融… Ⅱ．①刘… ②杜… ③文… Ⅲ．①小学语
文课—教学研究 Ⅳ．① G623.202

中国版本图书馆 CIP 数据核字（2022）第 012255 号

书　　名：融合：语文跨界很好玩
　　　　　Ronghe：Yuwen Kuajie Hen Haowan
主　　编：刘　莉　杜　玉　文陈平

选题策划：曾　鑫
责任编辑：曾　鑫
责任校对：孙滨蓉
装帧设计：张竸之
责任印制：王　炜

出版发行：四川大学出版社有限责任公司
　　　　　地址：成都市一环路南一段 24 号（610065）
　　　　　电话：（028）85408311（发行部）、85400276（总编室）
　　　　　电子邮箱：scupress@vip.163.com
　　　　　网址：https://press.scu.edu.cn
印前制作：四川胜翔数码印务设计有限公司
印刷装订：四川盛图彩色印刷有限公司

成品尺寸：185mm×260mm
印　　张：13
字　　数：252 千字

版　　次：2022 年 7 月 第 1 版
印　　次：2022 年 7 月 第 1 次印刷
定　　价：69.00 元

本社图书如有印装质量问题，请联系发行部调换

四川大学出版社
微信公众号

《融合：语文跨界真好玩》编委会

深度融合，持续创新
（代序）

教育信息化走到今天，我们面临的最大的挑战有三个。其一，信息技术的工具和资源为什么样的教育形态服务？是服务面向未来的、变革了的教育形态，还是服务过去的、未变革的的教育形态？其二，信息技术如何与具体学科深度融合？是用跨学科的通用平台工具和资源，还是使用服务于学科素养和学科体系的信息技术工具？如何用好学科的信息技术工具真正为学科的发展赋能？其三，信息技术的资源和工具主要为谁服务？是为教师而教服务，还是为学生而学服务，还是为两者服务的核心？这三个问题，是当前教育信息化的深水区，也是各个学校在实施和推进中最为困惑和难以突破的地方。

成都师范附属小学（以下简称成师附小）万科分校的杜玉老师作为一名语文学科的教师，在语文学科与信息技术的深度融合方面进行了大胆的尝试、深度的实践和系统的思考。在学校的支持指导下，她以区域信息化名师工作室作为发展平台，带领学校教师和信息化名师工作室的成员对上述三个问题都进行了探索。首先，信息技术应当为面向未来、变革了的教育形态服务。杜玉老师在课堂上尝试多种创新的教学方法和教学模式，将信息技术与这些新的方法和模式结合，培养学生的创新思维和创新素养。其次，在大家普遍认为最难与信息技术融合的语文学科上，杜玉老师带领她的团队成员将信息技术融入课堂教学和课程设计，让信息技术真正助力语文学科。最后，在信息技术的服务对象上，杜玉老师和她的团队让信息技术工具和资源服务学生的"学"，让学生成为信息技术的主人。在语文课堂上，学生链接互联网，获取广泛的信息；学生利用平板电脑获取教师发布的任务，与同伴进行合作学习；学生还利用各种信息技术工具创造、修改和发布自己的产品。可以说，杜玉老师的实践和思考是非常前沿和创新的。

在杜玉老师的影响和带动下，学校的数学、科学、音乐、美术等学科也积极开展信息技术与学科深度融合的实践，取得了丰富的实践成果。本书案例展示了这些成果。

杜玉老师还是一个思维活跃，对新技术和新思想保持开放态度，愿意不断学习和尝试的人。对未来充满乐观，对教育充满热情，对创新充满激情，这样的心态让杜老师在知天命的年纪仍然保持着年轻教师一般的活力状态。本书是杜玉老师和成师附小万科分校在过去几年中，在教育信息化实践中取得的成果的阶段性总结和反思。杜老师和她的团队、她的学校在未来一定还会有新鲜且有价值的成果持续产生和呈现。

苟日新，日日新，又日新。愿读者们能从这本书中汲取持续创新的力量和热情，在教育信息化的道路上一路勇敢前行。

陈静萍

面向未来　重塑教育
（代自序）

教育，是每个有孩子的家庭最为关注的话题。作为教师，是仅仅站好三尺讲台，做好所有基础教学的任务就满足了，还是带着思想和情怀做教育呢？

三十多年教育的历练，我从懵懵懂懂的教书匠，仅仅满足于传授知识，逐步到开启对学生人生的规划，对生命的关注。落实到课堂，就是对课程的重建，教育理想的实现。

三十年来我一直从事语文教学工作，而语文是教育界争议最多的科目。怎样上好语文课，怎样评价语文课，可谓仁者见仁，智者见智。无论是《我的人生我的课》《盗火者》等专题片对语文的批判，还是校外各种教育形式对学校教育的弥补，无论是家长对教育的高品质诉求，还是学生对喋喋不休的课文讲解的厌烦，都给我们教育工作者带来前所未有的挑战。

作为锦江区名师工作室领衔人，从教以来，我一直走在语文教学改革的路上。20世纪80年代初，我还在成都各大名校实习，当时很有名的指导老师们总说："我们现在也不知道语文课该怎样上？教学在不断地改革呢！"十六七岁的我懵懵懂懂，觉得老师们课已经上得那么好了，还要怎样改革呢？后来正式走上教学岗位后，才有了深切的感受，语文教学内容千头万绪，耗时最多，成效甚小。识字、阅读、习作方方面面，教材、学情、语文素养和语文知识内容繁多。切身感受到语文教学是　个复杂的活儿，确实需要不断的改革。

刚踏入教师行列的我，感受到前所未有的辛苦，我曾经一直想着怎样才能尽快改行。因为当别的伙伴茶余饭后休闲时，我还得备课、改作业。但其间有一件事让我放弃了改行的想法。

那时我在教学岗位已有了一定知名度，有了职业成就感。我彻底改变想法是因为一次生病。那天，我没能去成学校，下午我的窗前出现了一队排列整齐的小学生，他们在班干部的带领下，来看望他们生病的杜老师。看到手捧鲜花穿过整个小县城的四年级小学生，听到他们在窗下稚气的问候声，我不仅放弃了改行的念头，而且爱学生融进了我的灵魂，这种情感在教学上更是化为了一种动力——应该教授什么样的课程来帮助学生达到优秀。

■ 一、教育信息化开启之路

信息与学科的融合，是从幻灯片教学开始的，那时称之为电化教学，老师们根据教学需要在透明玻璃纸上手工描画图画。后来才有了电脑，有了 PPT 的制作。但是当时的争议也很大，例如，花花绿绿的图片固化了学生思维，生动形象的视频降低了文字的魅力……但随着时代的发展，PPT 课件已成为老师们上课必备的工具，多媒体教学也成为老师们上课的常态。

与信息化结缘：记得首届青年教师赛课，我以最高分获得唯一的一等奖，从此就与信息技术结下了不解之缘。那还是 20 世纪 80 年代末，教师赛课还没有运用信息技术的先例，我执教的《海滨小城》一课，就运用录像加录音现场生成，给远离海滨生活的山里学生带来了身临其境之感，教学设计是将阅读迁移到写作，给在场的专家、评委和老师带来了强烈的震撼。从此，我的教学改革之路与"信息技术"结缘，踏上了信息技术与学科整合的快车道，之后一系列的课题研究、典型课例、论文撰写等都与信息技术的发展而同步。

从最初制作 PPT 起步，到主题网站设计（以《威利斯小艇》为代表），到网络环境下的博客研究（以《博客促进小学生读写》研究为代表），到 Moodle 平台的应用（实时互动的读写研究），再到一对一 iPad 未来课堂（移动终端的互联网教育），我在语文课堂教学中紧紧跟随教育前沿，将国内外先进的课程理念与现代教育技术整合，开发设计出与时代同步、为学生个性化成长服务的系列阅读与写作课程。

在整个课程设计中，我参与了"集中识字，提前读写""视听阅读教学"等题程研究，参加了国家级、省市级围绕现代教育技术开展的课例研究，这些研究都与信息技术紧密相关。我的教育教学方法得到同行与家长的认可，逐步形成了开放、民主、创新的教学风格。

随着时代的变迁，语文教学更加多元，海量阅读、经典诵读、主题研究、单元整合、生本课堂、深度对话都进入了我的研究范畴，多种形态精彩纷呈，不能不说语文教学的改革比任何时候都更加开放，我将这些研究的精髓引入课堂，与学校课程整合，从阅读经典、阅读绘本入手，通过大量的阅读为孩子们打好人文的底子，降低写作的难度。特别是 2013 年，我接手成师附小万科分校一年级三班，有机会与 TechEDGE 项目合作，在 Guy Trainin 教授和郭际博士的指导下带领名师工作室成员，对语数外三门学科进行"一对一"iPad 课堂尝试，开启了互联网下学生个性化成长的实践之旅。

■ 二、信息与学科融合的教法和学法之变

合作项目使我对教育方式有了新的认识，批判性思维、自主学习开启了学生个性化语文学习新模式，聚焦于深度参与，释放学生的潜力，发展学生的核心素养。探索出全景课堂任务前置、互动提升、理解重构"三环节教学法"，让每个学生都能在课堂中享受深度研究、深度学习的快乐。任务前置：关注的是学生学习"前概念"的建立，学生在任务的引导下，课前进行基本内容的学习。互动提升：课中的深度互动，让真问题、真疑惑、真期待进入语文课堂，让学生经历"产生问题—思维碰撞—问题解决—产生新的问题"的过程，实现思维碰撞提升。理解重构：课后学生通过平台展现学习的收获和感悟，跨越时空即时互评和修改作品，学生在与同伴的评价反馈中不断改进与提升，获得成就感。

随着课程的深入，我发现技术仅仅用于单一的学科，并不能满足现实对人才成长的需求，而互联网丰富的资源可以帮助学生更全面地发展。于是我由小学语文教学改革进阶为跨学科研修，致力于"STEAM"的校本课程统整研究，实践基于真实问题解决的跨学科项目化学习，学生在这样的学习中获得超出同龄学生的思考力和建构力。以构建高效课堂、开展深度学习为目标，以信息技术支持下的创新融合教学为突破口，注重培养学生的学科整合能力和跨学科综合素质，通过积极探索实践，教学效率得到了提高，课堂教学方式得以改变，形成了以学生为主体、以学定教的课堂，学生参与课堂的广度、深度大幅提高。跨学科的项目化学习让我的教育理念上了一个台阶，实践的课例，在区域内起到引领作用，全国赛课也取得优异的成绩，得到专家的推荐。

■ 三、评价之变促进信息化与学科融合

我的 iPad 班级，得益于教育行政部门的支持，班级不参与区级期末考试，我自己设计整体测评方案，学生不再"一考定终身"。在我们班的期末测评中，学生自己完成的可视化作品具有较高的权重。比如，传统考试的"写字"，我们

只能判断是否正确，而无法了解书写笔画的过程，在"可视化作品"中，我们就可以通过"回放"来详细了解学生一笔一画书写的详细过程。以语文为例，能力评价通过《学生小视频评价标准》关注调整、合并、替代、去除、删减等学生核心创新能力指标，变过去教师评估的主观性为客观性，变单一评估为多元评估。思维评价则通过"小学阅读评价指导任务卡"，关注学生思维过程，将语文阅读能力及其过程指导细化其中，凸显评价的指导功能。学生也可以从中找到自己的现实水平和努力方向，把只重视结果变为注重学习过程。全员评价指在评价中不再由教师一个人说了算，而是家长、伙伴都在学生学习的过程中参与评价，让评价更加全面公正。

学校与家长建立起一致的评价沟通方式，更利于教师、家长、学生朝着同一个目标前进。运用这套评估系统，过去教师眼中学业优秀的学生，在创新能力评估上得分可能并不高，因为他们往往更听话，少了自己的观点和意见。在传统意义上学业不是很优秀的学生，他们却可能因为思考的角度更为多样，而在创新能力上得到很高的评估。"这是对学生批判性思维和创新思维的培养，让学生能够从不同的角度思考，而不只是要一个唯一的答案。"专家评价说。评价之变是信息化与学科融合能在几年前就取得如此优秀的成果，确实是主管部门和学校管理的魄力所在。

■ 四、跨学科的项目化角色之变

我作为工作室主持人领衔所在学校的校本课程建设，确立了"单学科—跨学科—项目化"的课程建设路径。我带领工作室成员走过"单学科教师—被动跨学科教师—自觉跨界教师"的身份构建心路。

一对一数字化学习是全新的领域，需要教师放弃旧有的经验，重新思考，重新设计，还需要技术巧妙地和课程融合。单学科教师已经无法胜任这样的教学任务。这不仅需要教师本身的业务水平，也需要他们具有与其他老师通力合作的能力。全新的教育思想，无数次的技术尝试，让工作室年轻老师迅速成长，先后在全国创新课堂类竞赛中获得高级别奖项。在现场说课中，先进的教育技术和前沿的教育思想引起现场专家和与会老师的赞扬。校长、主持人、首席教师分别参与在上海举办的全国基础教育课例展示和交流。

这批新老师以童琳老师为代表，文陈平、刘智勇、巫智丹、涂海洋、高大宝、贺邵莉、曾晓瑛、斯瑶、邓晓璐、蒋欣怡等迅速成长。通过工作室的示范引领，信息技术老师与各学科教师完美融合，共同成长，为学校培育出一支

TPACK 素养较高的教师队伍。工作室成员中，四人成为锦江区新增名师工作室主持人：语文文成平、STEAM 刘智勇、品德李青、语文童琳。2019 年贺邵莉老师也成为区名师工作室主持人。2022 年李青老师成为成都市综合名师工作室主持人。

■ 五、成果辐射带来的思考

在我的成长中，技术与学科融合让我迈入了创新的快车道，我指导青年教师获中央电教馆第 9～11 届"新媒体新技术教学应用暨全国中小学创新课堂观摩活动网络课例"一等奖 4 项，现场赛一等奖 2 项。《形声字识字》《桥》《神奇的拐杖》在第 8、9、10 届大会闭幕式上作为最优秀的案例进行推介。获中央电教馆"一师一优课"活动全国一等奖 2 项，全国基础教育数字化联盟赛课一等奖 2 项，四川省、成都市创新课堂类竞赛奖多项。他们的成长不仅仅是各类获奖，更多的是视野的开拓、创新能力的提升，很多老师都带着这样的理念在新的岗位影响更多的学校和老师。

在"全国中小学教师信息技术应用能力提升工程"中，多个培训机构购买我的系列课例视频用于培训。我在提升工程（国培、省培）中结合课例视频，做了几十场讲座。这些学术交流，不仅进一步提升我的学术水平，更让我一直站在时代前沿，终身学习。

近年来，信息技术支持下的创新融合教学研究先后被四川省教育频道、成都电视台、锦江区电视台等采访报道，被《教育家》《中国西部教育》等杂志做专题采访，《教师导报》《华西都市报》《成都日报》等也做了相关报道，《中小学数字化学习》《成都教育技术装备》等杂志发表相关论文和课例。我在全国各地的校长培训、骨干教师培训中做了 10 余次讲座和交流。

技术与学科融合之路需要从上到下的大格局、大视野、大情怀。技术与学科融合的路还很长很长。我先行探索充满艰辛也充满喜悦。在这条路上我看到未来发展的方向：教育形态迟早会实现随时随地的学习场景。学校就是人与人交流的平台，知识的学习仅仅是生命的一部分，培养创新创造型才是学校更重要的目标。个性化、游戏化、VR 和 AR 等真实场景体验、人工智能学习将会因科技的发展得以真实实现。那时是一个怎样的学习学习场景？我们充满期待……

成师附小万科分校　杜玉

目　录

第一篇　环境与支持

区域支持：信息化工作室，推动课堂嬗变 …………………………（2）

学校支持：iPad 引发的课堂变革 …………………………………（13）

环境支持：重塑教师角色，追求深度学习 ………………………（22）

第二篇　思考与践行

小学语文与信息技术资源整合课程 ………………………………（28）

iPad 融入学习生活带来的惊叹 …………………………………（34）

将博物观念引入中小学语文教学 …………………………………（39）

教育 APP，智慧巧课堂 …………………………………………（47）

人本主义视角下的人工智能课程建设与实践 ……………………（54）

张个性之力　育时代英才 ………………………………………（59）

让学生慢慢感悟"数形结合"之妙 ………………………………（64）

语文——全国赛课获奖案例

形声字识字案例——iPad 识字 …………………………………（69）

跨学科案例——奔跑吧　成语 …………………………………（73）

儿童诗案例——风 ………………………………………………（75）

群诗整合：古色古香评说"一" …………………………………（79）

语文——主题阅读课程案例

魔法世界：iPad 课堂语文课程群第一主题 ……………………………（ 82 ）

童年岁月：iPad 课堂语文课程群第二主题 ……………………………（ 91 ）

诚实守信：iPad 课堂语文课程群第三主题 ……………………………（108）

魔变世界：iPad 课堂语文课程群第四主题 ……………………………（110）

良好习惯：iPad 课堂语文课程群第五主题 ……………………………（112）

科学世界：iPad 课堂语文课程群第六主题 ……………………………（114）

语文——整本书阅读课案例

童书阅读：基于全景平台课外阅读——《窗边的小豆豆》 …………（117）

史记阅读：摩灯平台下的课外阅读指导——《史记》 ………………（122）

群书阅读：基于全景平台课外阅读——《动物史诗生命赞歌》 ………（127）

融合——跨学科教学案例

语文 & 科学：《树的年轮》教学设计 ………………………………（131）

美术 & 信息：功夫熊猫 …………………………………………………（134）

语文 & 美术：青砖上的岁月 ……………………………………………（136）

科学 & 信息：声音——让学校更美 ……………………………………（138）

深度——项目化教学案例

学科项目化：在这里，与成都匠心邂逅 ………………………………（142）

STEAM——神奇的拐杖 …………………………………………………（147）

项目化课程：共享社区　分享生活 ……………………………………（152）

项目化课程：融合——"丝绸之路"游戏化 …………………………（156）

第三篇　iPad 相关评价

教师技术整合的发展阶段评估 …………………………………………（170）

技术支持——全景课堂简约方案 ………………………………………（174）

后　记　双向建构　设计思维　追求更优 ……………………………（186）

第一篇　环境与支持

杜玉名师工作室，是锦江区首届成立的信息化与学科融合的四个工作室之一，在全国范围内也属于教育创新之举。工作室连续三届的运作，采用整合技术的学科知识框架（TPACK），全面提升了主持人与成员的信息化与学科融合能力，在学校的全力支持下并与国际TechEDGH（科技融入教育）研究项目结合，以"全景课堂"平台为支撑探索出课程设计、师资培训、学生实践的创新之路。

区域支持

信息化工作室　推动课堂嬗变

内容导图：

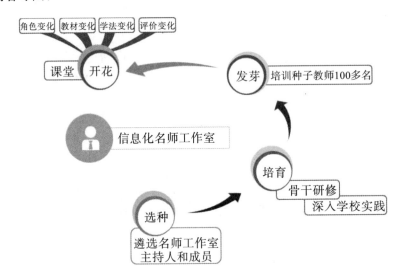

　　"教学信息化的主力军无疑是一线教师。相对应的有没有'阻力军'呢？有！而且还比较强势。"锦江区教育局电教馆馆长曾乾炳如是解说"锦江信息化名师工作室"的缘起。

　　和中国的很多中心城区一样，锦江区是成都的传统基础教育强区，辖区内名校和名师资源众多。2012年，已经成为四川省首批教育信息化试点区的锦江区，面临现实的困扰：教育管理信息化蓬勃推进，教学信息化推进却抓不着头绪，进展缓慢。一些名师和学科教研员对信息化教学有排斥感，既不想看更不想变。这种现象不仅是锦江区独有，在全国各地都真实存在。

　　"主力军"与"阻力军"的观念冲突，迫使锦江教育人思考："传统基础教育强区，如何实现信息化环境下的课堂嬗变？"

来自一线的教学创新是促进课堂嬗变的源泉

　　2012年，《成都市锦江区教育局关于进一步加强教育信息化管理和应用工作的实施意见》出台。文件提出教学信息化工作的"11411"策略，其中的"4"指抓实"教学信息化示范研修工作室"等4个项目载体。项目由人事科牵头，电教馆具体实施，2016年更名为"信息化名师工作室"。建成两期共10个工作室，形成了科学覆盖全区50余所中小学、3000余名各学科教师的研修体系。通过开展信息技术与学科教学深度融合研修，培育了大量教学信息化"种子教师"，有效推动了区域中小学课堂教学嬗变。

我们知道，一个学校或区域的信息化水平并不仅是由传统名师或教研员决定的，也是由一线教师这一最富有能动性的群体决定的，要实现课堂嬗变，必须从促进一线教师的生长来带动。正如诺贝尔经济奖得主费尔普斯说："社会创新活力有赖于草根和基层的创造力和想象力。"

而在2012年，以教学信息化为方向成立名师工作室，无疑是锦江教育创新之举。

为一线研究型教师搭建创新平台，释放创新活力，是锦江区促进教学信息化环境下"课堂嬗变"的源泉和关键。

"选种"——严格筛选，点面结合

遴选"种子教师"是第一项基础工作，主持人的遴选又是最为重要的。锦江电教馆从区内教学信息化基础较好的学校，按照"TPACK能力过硬，教学水平服众，乐于合作分享"的标准和"宁缺毋滥"原则，首期遴选了4位公认为既是信息技术能手又是学科教学骨干的教师担任主持人。4位主持人分别来自小学语文、数学和初中英语、信息技术学科。接着，又按学科相近原则，通过学校选派和电教馆推荐相结合的方式，把一些有信息技术素养和明显教学发展潜质的教师派入了各个网络研修室，组成了6~10人的研修团队。

锦江区首期教学信息化研修工作室主持人与骨干成员们

"育种"——机制保障，研培并进

经过最初的组建，锦江电教馆迅速把工作的着力点转向对工作室种子教师的"培育"。2012—2013年，以"边研修，边实践；先研修，后示范"为原则，落实"与其待遇，定其要求，多元研培，平心静气，期许'花开'"的工作基调，全面展开种子教师能力培育工作。

工作室研修不是漫无边际的，而是采用整合技术的学科教学知识（TPACK）框架（如下图所示），从学科的内容知识（CK）、教学法知识（PK）和技术知识（TK）等核心知识的整合以及学科的教学内容知识（PCK）、技术内容知识（TCK）、技术教学法知识（TPK）、技术教学内容知识（TPACK）等方面提升。

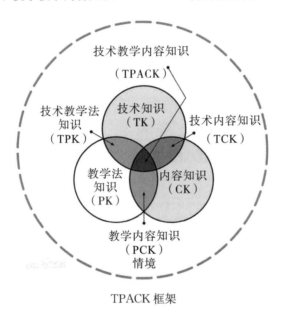

TPACK 框架

种子教师的研修培训计划是多元的。电教馆向四川师范大学信息技术科学学院定制了6个月的"锦江区教学信息化骨干教师研修班"，进行较为系统的教学信息化理论与应用通识培训。采用线上线下结合的混合式学习方式，围绕研修主题和待解决的关键问题，以研修室任务为核心，对各室（组）教师的各项知识、技能缺失点进行针对性设计，通过理论讲座、案例分析、对策讨论，进行实际应用的训练和提升。研修班师生在"锦江教师成长空间"首批注册，并基于该平台进行了规范性学习与灵活性学习。

区电教馆还组织教师参加"Inter未来教育"基于项目的学习、一对一数字化学习与教学变革课程的培训，以及惠普公司"优创"项目培训；赴上海、重庆观摩学习微课教学法、翻转课堂方法；参加 Apple 公司技术交流活动；分期推荐"研修室"主持人和研修成员参加"锦江区名师清华大学暑期研修"。聘请"锦江区教育专家指导委员会"专家做长期跟踪指导，并适时组织考察学习，邀请国家级信息化专家蒋鸣和、黎加厚、后有为做专项指导。主持人和研修成员既有定期的现场培训、研讨、做课，也可通过视频连线、微课学习、邮箱往来、工作室网络空间、微信公众号等与同伴和异地专家、同行进行实时互动和课例研讨。

种子教师们反映，工作室思路明晰、策略落地，使他们走出了信息技术与学科融合的初期迷茫懵懂，看到了无限创新可能。

"发芽"——学科应用示范，教师专业发展

2014—2015 年，第一期 4 所"教学信息化工作室"从稚嫩逐渐成熟，主持人和研修成员的 TPACK 能力和意识逐渐增强。工作室逐步聚合了区域信息化教学示范中心、信息化教学研修平台和教师发展共同体的功能。

工作室成了区域教学信息化的"播种机"和"孵化器"，也成为有志于通过信息化促进课堂变革的教师们的"朋友圈"，更是教师专业发展的"学习团"和"训练营"。主持人引领研修团队探索和实践信息技术与本学科教学的融合，构建新型学习方式；研修成员回到学校影响、带动其他教师应用信息技术，促进真实、有效的一线教学信息化。这些新型学习方式来自教学实践，在实践中持续发展和完善。同时，工作室开创了教师专业发展的新途径，在行动中研究，在研究中提高，符合 TPACK 的核心特征，得到多位国家级专家的高度评价。

"杜玉工作室"2013 年尝试构建"基于魔灯平台的小学语文教学平台"，致力于解决传统阅读教学的不足，初步形成基于魔灯平台的语文阅读与习作评改教学新模式。2014 年，以学生自带平板电脑的方式，开展基于应用工具的"iPad 课堂"建设，并加入国际 Tech EDGE（科技融入教育）项目研究。2015 年，引入"全景课堂"平台，有效提升"iPad 课堂"备课上课效率，并在成师附小万科分校全面推广这一新型教学方法。这使传统课堂教学发生质的变化，也使教育信息化的探索逐渐开朗起来。

2014 年，"梁娟名师工作室"在信息化环境及技术与初中英语教学深度融合的基础上更上层楼。这一年中，该工作室进行了三次大型展示活动，聚焦三个主题：信息技术对英语学科教学的支撑和整合，英语微课的制作和使用，英语翻转课堂的实践研究。每一次的展示既梳理和总结前一阶段研修工作，又为下一个研究阶段指引了方向，提高了目标。"梁娟名师工作室研修空间"在 2015 年全国信

息化资源案例评选中获得一等奖，微信公众号"成都七中育才云端上的英语教与研"更是深受欢迎。

杜玉在 2015 年度展示活动中

2015 年，"汪海鹰名师工作室"进行"4S 小学数学教学信息化教学模式"探索，初步总结出 4 个方向的操作模式："基于自主操作的情境化教学模式""基于全员参与的互动性教学模式""基于适度翻转的生成性教学模式""基于自动评测与数据分析的作业方式"。

"马庆达名师工作室"则长期研究 PPT 的深度应用与跨平台应用，为锦江区贡献了一批优秀的课件和微课资源，在全国、省、市多次获奖，并形成了深受好评的 PPT 深度应用系列区本培训课程。

在锦江教育资源云平台上，首期 4 个"教学信息化研修室网络空间"践行着"行胜于言"。研修室团队经常深入各校，到教师们中间，进行教材教法变革的调研，定期培训家长，致力打造家校共建实验课程的模式。

教学信息化名师工作室的杜玉、梁娟、汪海鹰等主持人和部分核心研修成员已成为优秀的教学信息化名师；其教学信息化学习力、研究力、应用力突出，研修成果、团队成长和教师发展表现优异。历年来，工作室成员多项信息技术与学科创新融合成果（包括课例、论文、资源）获得高等级奖项与专家高度评价，多次在各级教学信息化培训会上讲学、献课，或担任各级信息化教学竞赛的评委。工作室近年参与"全国中小学创新课堂教学竞赛（锦江区）赛前培训"，讲授落地锦江的 TPACK 教学设计，辅助区域内学科教师在赛课活动中取得优异成绩。

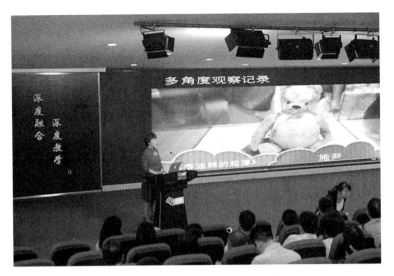

杜玉在锦江区教育信息化工作推进会上

通过工作室的示范引领，锦江区已培育出一支 TPACK 素养较高的教师队伍。区域内每一所学校均有数名适应未来教育发展、能独当一面的教学信息化"种子教师"。在工作室示范引领下，锦江区在各级教学信息化应用竞赛中持续创造优异成绩，在成都市教育技术工作考核中多年排名第一。在中央电教馆举办的"新媒体新技术应用研讨暨全国中小学创新课堂教学实践观摩活动"中，连续六届成为西部地区区（县）级第一名，连续四届荣获优秀组织奖。据统计，全区85％的学校均有教师在该项赛事获奖。2016 年 9 月，在教育部赴四川省信息化调研活动中，主持人梁娟率工作室与杜占元的对话获得高度肯定。

如果说 2011 年锦江区的教学信息化"种子教师"是"星星之火"，那么，到2016 年，这些"星星之火"已成"燎原之势"。第二期 6 所工作室正式升格为"锦江教学信息化名师工作室"，来自小学数学、语文，初中英语、数学、物理以及 STEAM 跨学科教育的教师团队，以推动锦江课堂教学信息化为目标，拓宽视野，协同研修。

"开花"——区域从观念冲突到课堂嬗变

工作室正在影响和引领着锦江区中小学课堂发生四大嬗变。

角色之变：教师从课堂的"主演"变为"导演"，学生从课堂的"配角"变为了"主角"。

锦江区中小学"e 教 i 学"课堂的一大显著变化是"生进师退"，学习过程逐渐取代教学过程，学生成为课堂的主角，教师退到了幕后，变成了"编剧"和

"导演"，课堂活泼了、生动了、有趣了。

主持人杜玉，用自己的实践证明"老教师在小学不受学生欢迎"是个伪命题。她的 iPad 课堂妙趣横生，连前来指导课堂教学的国内外专家们都竖起大拇指。她的 iPad 并不只是"电子书包"，也不只是沟通作业信息的交互工具，而是真正融入课程。她说："我想的是让计算机成为讲师，老师成为教练，学生进行自主学习，来推动教学方式的彻底变革，包括自主性、开放性、个性化、互动性、非行政化、去权威化等。"

2017 年，主持人杜玉在全国数字化学习课例展示交流活动中

主持人汪海鹰说："教学理念的更新与教学工具的改变，让我们悟出了师生在教学中的相处之道——师退生进、智慧前行。在课堂上，只有教师退得足够，才能把课堂还给学生。这种教学方式的改变，留下的是教师'退'的脚印，也正是学生'进'的步伐。这串脚印记录的是学生学习方式的变化。"汪海鹰工作室积极进行各种信息化教学探索，加深学生本位和学科融合意识；研修成员们使用技术为学生发展服务的能力得到了很大提高，课堂教学形态更加自主能动。尤其"作业盒子""狸米学习"等新型教学 APP 的应用在区域领先，"狸米学习"研发团队数次飞到成都征求汪海鹰工作室应用需求。"小学数学前置性学习中 APP 的运用策略研究"课题研究获得好评。在省内多次做"在技术支持下构建以学为中心的课堂学习模式探索"主题宣讲，带动数学学科教师广泛应用。

2016 年，梁娟工作室承担的市级课题"基于数字化学习的初中英语教师专业成长共同体实践研究"结题。课题组通过深度实践，厘清了符合初中英语教师成长共同体特征的数字化学习的环境、资源以及方式等基本概念和主要特征，也建构了符合这一特定教师群体特征和需求的专业成长共同体的愿景与设计；构建了多元的数字化学习环境（网络空间平台、微信公众号、成长共同体 QQ 群）；在英语教学中应用系列数字化主题学习，例如，微课程学习、网络平台设计、MOOC 的学习、学习社区（learning community）、思维导图（mind map）、交互式电子白板（smart board）、翻转课堂、数字故事、电子书包；建立了初中学生英语学习数字化指导库，开发了系列英语课程（优选 APP 进课堂、项目式学习）；探究出了数字化与初中英语教学的深度融合路径与策略。其呈现了较多的实践性成果，具备较好的应用参考价值与示范意义。

教材之变：由书本是"宝典"到书本是"学材"

主持人梁娟说：围绕着学生的学习，仅靠书本内容，已经无法支撑教育"未来"之重，整合与应用网络工具、资源、服务和环境来开展教学应是未来课堂的新常态。梁娟工作室从初中英语传统教学的保守者到"翻转课堂"的潜心实践者，探索信息技术与初中英语学科的深度融合，自我颠覆，卓有成效，成为锦江区面向未来中学学科课程建设的领军工作室。近年来，梁娟工作室自主整合教材，设计和生成了英语微课库与语料库，将适宜的教材内容在微课前置，实体课堂增加自编语篇。2015 年，七中育才学校启动全覆盖的校本微课库建设，梁娟工作室引路效益显著。2017 年，由梁娟工作室领衔，启动基于混合式学习的英语校本课程"学科拓展与综合实践课程之国际理解课程"建设，学生自主编撰的《育才 21 世纪英语报》的质量可圈可点。

杜玉工作室的课程整合，始于语文与科技融合"主题阅读"系列教程，代表作品有《窗边的小豆豆》；继而以深度学习为目标进行更多课型的整合，代表作有《沈石溪 & 西顿》动物小说阅读、《成语与 SCRATCH 之旅》。不仅有整合形成的纸质教材，更由师生共同制作为电子书籍、课程 iBook 和 iTunesU，系统地将语文教学与科技进行了有效的融合，形成了一系列的数字教材。所有的学习视频被上传在优酷（Youku）平台的"万科 201303"空间中，仅 2016 年一年的时间就积累了一千多个视频。

学法之变：以构建高效课堂、开展深度教学为目标，以信息技术支持下的创新融合教学为突破口，注重培养学生的学科整合能力和跨学科综合素质

信息技术在几所工作室不仅"提高了教学效率"，而且"改变了教学方式"。开展基于信息化环境的深度学习实践，翻转课堂已成学科常态。

杜玉工作室经过首期 4 年的努力，创建了以技术支持的学生个性化学习为特征的"1 对 1"数字化学习的语文学习新模式，释放学生的潜力，发展学生的核心素养。该工作室的 iPad 课堂探索出"三环节教学法"：任务前置，互动提升，

理解重构。这种学生学习方式的转变，让课堂更有效、更有趣，让每一个孩子都能在课堂中享受深度研究、深度学习的快乐。"任务前置"，关注的是学生学习的"前概念"的建立。教师在上课前将学习内容以任务形式下发给学生。学生在任务的指导下进行基本内容的学习，采用"双自式参与"：自读，在"书"中学；自做，在"做"中学。"互动提升"，即课中的"全深度互动"，课中个人问题、小组问题来源于孩子们的求知需求，相互的交流与互动，让孩子们经历"产生质疑—思维碰撞—问题解决—产生新的问题"的实实在在的过程，实现思维碰撞提升，让真问题、真疑惑、真期待、真学习进入课堂。"理解重构"，课后学生通过平台展现学习的收获和感悟，学生互评和自改作品，课后享受式提升，让学生即时交流，即时反馈，跨越时空，在评价反馈中不断改进与提升，获得成就感、认可感、幸福感。江苏扬州市教科院的专家在成师附小万科分校交流时说："这是以学生为主体，以学论教的课堂，学生的参与广度、参与的深度、思维的参与度、情感的参与度都非常高。"

在第二期工作中，杜玉工作室由小学语文进阶为跨学科研修，致力于"STEAM"的校本课程统整，实践基于解决真实问题的跨学科项目制学习，令学生具有超出同龄孩子的思考力和建构力。高水平、高创新的探索，已经成为该工作室的常态。仅在2017年，工作室进行了STEAM案例"桥之思""神奇的拐杖""成语与SCRATCH之旅""让学校更美—声音篇""古诗中的数字妙用"的做课探索，极大丰富了所在学校成师附小万科分校的校本课题小学"协同教学"新模式实施路径。

"神奇的拐杖"在中央电教馆举办的第10届全国新媒体新技术教学研讨暨中小学创新课堂观摩活动中获得一等奖，并在大会闭幕式上作为最优秀案例进行推介。"古色古香评说'一'"在2017年11月的全国首届数字联盟师范学校成立大会作献课分享，从孩子们的问题中生成，设计了"一"代表少又代表多的哲理冲突，阐释这样的矛盾如何在中国文化中相融共生。学生借助平台深入学习，激烈地讨论，人人发表独特见解。这样的精心设计获得与会者高度评价。

信息化名师工作室在移动终端环境、STEAM教育、APP进课堂等方向的研修促进了相关学校甚至整个区域在教育信息化领域向纵深探索，多学科统整和跨学科融合教学的探索成为6所"工作室"探究和研修的共同热点。

评价之变：由传统评价到初步建立注重过程的多元评价体系，着力于能力评价、思维评价、全程评价三个方面

在成师附小万科分校iPad课堂班级（即杜玉工作室相关班级），孩子们不再需要"一考定终生"。在他们的"期末考试"中，自己完成的"可视化作品"具

有较高的权重，以语文为例，"能力评价"通过《学生小视频评价标准》直接指向"调整、合并、替代、去除、删减"等学生核心创新能力指标，变过去教师评估的主观性为客观性，变单一评估为多元评估。"思维评价"通过《小学阅读评价指导任务卡》关注学生思维过程，将语文"阅读能力"及其过程指导细化在其中，凸显评价的指导功能。学生可以从中找到自己的水平和努力方向，把只重视结果变为注重学习过程。全程评价在本项目评价中不再是老师一个人说了算，家长、伙伴都会在学生学习的过程中参与评价，完成后的作品放在网上，还有网民们进行评价，全程全方位的评价让评价更加全面公正。比如，对于传统考试的写字，我们只能判断写的字是否正确，而无法了解书写笔画的过程，在可视化作品中，我们就可以通过回放来详细了解孩子们一笔一画书写的详细过程。

小学阅读评价指导任务卡一

目标	任务	思考（关键字）	得分
1. 能够提问和回答与文中字词理解相关的问题	1. 文章中有没有生字词呢？ 2. 请就生字词提出三个问题并且解答这些问题。	1. 有（　　　　） 没有（　　　　） 2. 3.	2
2. 能利用文中的各种信息，如标题、表格名、小标题等，帮助自己理解文章的主要内容	1. 你是否在文章中看到了标题、小标题或任何段落外的信息呢？ 2. 如果你看到了，你有没有利用这些内容帮你理解文章？ 3. 如果有，怎么帮助的？ 4. 如果没有，为什么没法帮助？	1. 标题（　）小标题（　）其他信息（　　　　　　　） 2. 有：我是从 3. 没有：因为 4.	2
3. 能够准确区分文字和图片提供的信息	1. 你喜欢文章中的图片吗？ 2. 你能只看图不看文字就能讲出文章的内容吗？ 3. 你能只看字不看图讲出文章的内容吗？ 4. 你有没有将图片和文字联系起来理解文章呢？ 5. 如果有，怎么联系的？ 6. 如果没有，你是如何理解文章的？	1. 喜欢（　） 不喜欢（　　） 2. 能（　） 不能（　） 3. 能（　） 不能（　） 4. 有（　） 没有（　） 5. 有： 6. 没有：	3

结　语

从锦江区中小学课堂教学产生质的变化可以看到，教学信息化名师工作室切实促进了全区绝大部分教师的"整合技术的学科教学知识"（TPACK）能力提升，有效推动区域中小学课堂教学嬗变，全区所有学校从中受益。根据需要，"锦江教学信息化名师工作室"还将得到进一步扩充。有道是，优育"种子"正当时，已然花开满园香；墙内恰是万紫千红，墙外已然万里香飘。锦江工作室通过大量展示、研讨、培训活动，正在发挥着示范辐射作用。锦江区之外的金堂县、青白江区、四川自贡、甘孜、阿坝等对口帮扶地区教师由此受益。四川省教育厅原厅长朱世宏曾经批示肯定："锦江区教育局信息化工作思路清晰，措施得力，特色突出，成效显著。"2014年9月，《中国教育报》以《建设高品质应用高效能——看成都市锦江区如何推进教育信息化》为题，对锦江区教育信息化作了专门报道。

几年走下来，我们的体会是，没有勇气同旧习惯作别，就没有机会与变革握手，这种变革应该说是一种由"乱花渐欲迷人眼"到"万紫千红总是春"的嬗变——由最先的技术"炫酷"和缺乏变革的方向感，到现在技术适融且聚焦新课改理念的转变。

专家点评（成都市教育技术装备中心研究室主任张延蓉）：

锦江区以信息技术与学科教学深度融合为立足点，在全省乃至全国创新性的成立"教学信息化名师工作室"，培育教学信息化应用典型，将学科名师打造成信息技术与学科课程整合引领者和教育信息化领军人物，带动和影响一批一线优秀青年教师，不断提升教学信息化理念，实践数字化环境下的教学创新。研修成果丰富和多样，既有文本资料，还有数字教材。这些成果不仅能够为其他教师提供丰富的学习资源，而且能够为名师工作室可持续发展提供多元的研修素材。

工作室定位清晰，发展目标明确，注重机制和策略并举、研修和示范并重，实现了名师引领、同伴互助、辐射示范、共同发展，探索信息化环境下教师专业发展新途径，开创信息技术与学科融合新模式，形成了整体推动区域教育信息化工作的新格局。

成都市锦江区教育局电教馆　曾乾炳　陶蕾

融合：语文跨界真好玩

012

学校支持

iPad 引发的课堂变革

　　iPad 课堂出现在成师附小万科分校并非偶然。在 2012 年之前，博客圈的作文教学遇到了瓶颈——师生互动与生生互动的评价不能即时显现。于是，学校踏上了"魔灯"（Moodle）快车道。Moodle 界面简洁精巧，所有的学生都能平等地在平台上发布信息、评价交流。这些尝试，都是借助网络来优化老师的教学与学生的学习。校长秦梅介绍："我们学校成立的时间只有 10 年，但我们在 2011 年就创建了四川省信息技术示范校。每一个平台不是能不能满足我们的需求，而是基于现代信息技术的发展非常迅猛，对孩子们视野的冲击很大，社会所需要的获取和整合多种信息的能力都在快速更新，所以我们是在适应这种变化，适应时代和社会的变化，我们的平台也在更新。也许以后有比 iPad 更好的平台，我们也会尝试。"

展示和分享

　　2014 年春天，"iPad 一对一课堂"在成都师范附属小学万科分校启动，理念来源于科技学院的教授 Guy Trainin 和在读博士郭际。

　　2015 年 1 月 13 日，成都市花园街 20 号，成都师范附属小学万科分校的腊梅花香气袭人，教学楼的 2 楼大厅里，成都市语文学科带头人杜玉给成都市三十多所兄弟小学的老师们展示了一堂 iPad 课。听课的还有远渡重洋而来的 Guy Trainin 教授、博士生郭际、熟悉家庭教育的 Sara 教授，以及 Guy 的夫人。课堂上，二（3）班的每个孩子手里端着一台 iPad，屏幕上的光亮映在孩子的脸上。另一只手旁放着一个练习本，把 iPad 作为教具的同时，辅之以传统的书写练习。在 iPad 作为教学工具之前，家长认为 iPad 只是孩子玩游戏、看动画片的游戏机。寒假期间，孩子们和家长每天在 iPad 上练习打字半小时，学着使用 iPad 制作 2～3 分钟的学习视频。

　　这节课，杜玉团队老师设计了"以学生展示自己的视频作品为主"的课堂内容，孩子们在阅读了《窗边的小豆豆》这本书后，将自己的感想或书中的故事表演出来，并用 iPad 中的 iMovie 软件拍摄、剪辑成视频短片，在课上展示。班里的孩子们被分成多个 5 人小组，课堂里喧闹着，每个孩子都争抢着展示自己的视频。课堂时间有限，杜玉发给每个孩子一张表格，让孩子们从听课的老师中选择一个梦想导师，观看自己的视频并给短片打分、找优点、提建议。杜玉用轻松的、讲童话式的语调宣布："我开始计时了，十分钟。"她的 iPad 与投影仪相连，大屏幕上，10 分钟的倒计时开始，现场炸开了锅般热闹，孩子们端着 iPad，拿起表格，冲向听课的座位席。

一位孩子走到老师身边，眨巴眨巴眼睛，"您可以当我的梦想导师吗?""可以啊，先给我看看你做的视频吧。"孩子讲解结束，梦想导师也看完了视频，提出几个小问题，打了分数，分数越高获得的梦想基金越多。

杜玉认为，让孩子寻找自己的梦想导师，这样，每个孩子都有了展示的机会。"有次，我在外开会，我们班的有些孩子不进教室，其他老师询问才知道，他们在校门口等着我，是要给我看他们的学习视频。因为每个人的视频都不一样，所以他们都期待自己的得到展示。"

课后，杜玉向记者透露："那天公开课我要他们全部下座位去展示，就是为了满足孩子，而不是为了展示老师。"传统课堂很难展示每位学生的思考过程，在人数较多的班级授课教学更难。在 iPad 课堂中，孩子被还原为真正的学习主体：课下，自主探究，用视频记录；课上，与同学一起分享学习成果，一起讨论，互相评价。

一位家长曾向杜玉讲述了自己孩子的变化："一天，在家里看到老鼠，我和女儿都很惊慌。但一会儿，女儿告诉我，妈妈，我们可以上网查一下，老鼠从哪儿来。借助网络，我们解决了家中出现老鼠的问题。但以前，孩子遇到什么问题，总会向我求助。"

郭际认为："我们的一个目标，就是从用技术教学，逐渐转化为用技术学习。"

在网络发达的今天，给孩子以主动学习的机会，他们便能逐渐掌握从海量的信息中搜索有用信息的能力。

Guy 教授一行在课后的分享。从右往左分别是：杜玉老师、Guy 教授、郭际博士、Sara 教授

参与和互评

作为学校的管理者，秦梅重视信息技术在教学中的运用，这与她自身的经历有关。"15 年前，在我进行数学教学时，初次使用 PPT 上课，当时很多老师都不会，甚至没有听说，但我觉得非常有意义，特别是对于我所教的数学科目，它可以把其中很抽象的图形和数学的规律进行形象化的表达。后来，我慢慢认识到信息技术的功能不仅仅是教学内容的展示，它通过互联网实现我们终身学习和随时学习的功能在不断强大。"

为了将信息技术融入教学，他们成立了专门的信息技术中心，杜玉信息示范研修室也成为成都市锦江区唯一一个语文信息示范研修室。"做 iPad 课程时，我周围有一群和我志同道合的伙伴，像杜老师、信息技术管理的行政主任陈英姿、刘智勇、涂海洋等老师，都非常优秀，这个团队是支撑我们不断探索的重要力量。我们学校由于教师比较年轻，也敢于尝试，所以有了很好的实践土壤。我们有想法就试一试，就是这样一步一步过来的。很多东西都是他们先想好，才来找我要支持，他们的想法很多，也很超前，我现在已经远远落后了，正在向他们学习。"秦校长的话语里透着谦虚。正是以这种包容和开放的心态，给了教师们发展的广阔空间，加上全景课堂的运用降低了 iPad 进入课堂的难度，学校的年轻老师童琳、黄瑛、周艳蓉、贺邵莉、李青、谭坤银、高大宝、蒋欣怡等都来试着共同研究。

无论是技术上，还是课堂设计上，这堂 iPad 课都来之不易。为了有流畅的网络环境，学校多次申请资费来改善，但课堂中，学生们在即时上传视频时都会受到影响。这堂课上，有两名技术人员过来帮忙，调试网络环境。听课者被要求关闭 WiFi。杜玉所使用的课堂管理软件"全景平台"的设计者也来了，帮助听课的老师们试着使用。

对于一节 iPad 课堂的设计，杜玉需要考虑到本班孩子的接受能力，并充分利用 iPad 的即时分享和评论功能。这个过程中，郭际博士不断提出建议，杜玉再结合课程特点进行规划。

iPad 课堂学习方式的理论来源于 Work－learning 研究中心的一份报告："学生能够记住 90％的他们教授别人的内容、80％的个人经验、70％的讨论内容、50％同时听到和看到的内容、30％看到的内容、20％听到的内容和 10％阅读的内容。"

郭际是一名中国留学生，平时用 iPad 上的聊天软件与杜玉进行沟通。在郭际看来："iPad 课堂的核心就是让学生参与。"他曾这样不断提醒杜玉。"有的学校只需要（在 iPad 课堂中）融入教材就可以了。"杜玉的 iPad 课堂被要求每个孩子参与其中。这给杜玉的带来了很多困难："这与以往（老师为主导）的课堂完全不一样，我得天天想。"

成师附小万科分校的老师们，从右向左分别是：秦梅、刘晓琴、杜玉、文陈平、吴芳

杜玉说："提前做好的教案。在晚上看到孩子们传上来的作品后，我会根据他们的作品课程安排，很多重难点，孩子们自己就解决了。例如，学生在二年级要学会查字典，我就没有教，而是孩子们自己做，他们做的视频相当生动形象，比老师做得好。"

iPad 课堂上，杜玉只是负责安排任务，视频作业是几天前安排下去的，学生们在课下与父母一起完成学习视频，大家课上每组推送一个所有组员认为最优秀的视频，共同观看完每组推荐的视频后，由其他同学来互相评论。学生的展示和参与占去了课堂的绝大部分时间，老师只是一个组织者。同时，通过即时分享、在线观看、互相点评，学生学习中的成就感被放大。

这堂课上，杜玉播放的视频里，有的是来自同一个小组的。该小组中的 5 个人合作完成了"小豆豆去野炊"的表演，孩子的家长在一旁辅助拍摄，虽然演员和场景都一样，但每个人做出了完全不同的视频。杜玉认为："这就是个性化思维的呈现。"加上孩子之间对学习视频的相互评论，他们便可获得个性化的成长建议。"iPad 一对一课堂"的名字由此而来。

传统课堂中，学生和教师之间的沟通鸿沟是阻碍学生发展的重要因素之一，而学生间的沟通则是相对无障碍的。我们希望通过学生之间无障碍沟通完成知识、信息以及思维方法的相互传递。

杜玉给孩子布置的任务中，评论同学的作品是很重要的内容。"阅读《窗边的小豆豆》的作业中，要有每天的读书感想、记录，最后还要有不少于 3 位同学的评论。"评论围绕"两个星星一个愿望"的模式展开，即说出同学视频的两个优点，并提出一个建议。杜玉称之为"充满正能量的评论"。学生互相评论，有助于他们交流个人经验，学习同学们身上的长处，并借此不断强化学到的知识。

一位 iPad 实验班的家长反映：一道数学题，我给孩子讲了解题方法，孩子不接受，但她看了同学的做法后，就不由地夸奖，"这个解题方法真棒！"这个年龄阶段的孩子，更在意同龄人的评价，同学之间互相学习，效果更好。

创新性思维和解决问题的意识

郭际博士强调参与，希望把 iPad 作为一种教具，能促使教师改变陈旧的教育观念和教学方式，满足学习者个人的需求。

副校长刘晓琴对 iPad 课堂有着类似的期待："从博客到'魔灯'平台，再到 iPad 课堂，每一次改变都是为了学生。我认为教育的目标不该是为了分数，而是怎样让孩子们能学得更充分、更自由、更快乐。我们期待每一个孩子都能感受到学习是无处不在的，并且是快乐的。当然，学习有时候肯定是会有点困难，但解决问题的过程也是有趣的。如果能让每一个孩子都有终身学习的意识与能力，我想，这份意识和能力就是我们的收获。"

iPad 课堂正在绘本故事表演的孩子

杜玉在实践中的落脚点则不同："借助 iPad，我最想实现的就是批判性思维和创新思维的培养，让孩子从不同的角度思考，没有唯一的答案，只要有充分的理由支持。这也是郭际老师带给我的思考。"

所有的学习视频被上传在名为"万科 201303"的优酷平台，一年的时间，积累了一千多个视频，其中几个视频让 Guy 教授印象深刻。

那几个视频是二（3）班的孩子在学习"形声字识字"时制作的，杜玉布置下去的作业仍然是先自学，完成学习视频。杨哲浩把关于"苗"的形声字"喵、猫、瞄、锚、描"编成了一个故事；潘薇伊则从生活中找到与皮相关的字，给皮加不同的偏旁组成不同的字，再组成不同的词；彭奕然则使用了 iPad 上的《新华字典》，先查出"当"的形声字，再逐个解析词义。

杨哲浩短片里的自编故事：

一个乘客即将进站，请要乘坐苗火车的乘客做好上车的准备。不一会儿，苗火车轰隆隆地进站了，第一位乘客是喵，喵喵叫的喵，还有猫，小猫的猫，他们俩正好凑成了一个句子——小猫喵喵叫。列车接上他们俩以后，就立刻开走了。

不一会儿，苗火车开进了第二站，第二站上车的乘客只有一个，那就是瞄，瞄准的瞄。瞄上车以后，列车继续前进。第三个站上来的乘客是抛锚的锚，我们的车可不能抛锚哦。最后一个乘客我们都很熟悉了，那就是描红本的描。描上车以后，这趟快乐又有趣的旅途就结束了。

形声字那节课获得了全国赛课一等奖，后来被信息技术中心的涂海洋老师制作成了微课。微课中，同组的小朋友评价说："杨哲浩读得又自信又标准。"杜玉在旁边提醒："聪明的小朋友呢，一定会从内容、语言、表达方式来完成评价。"话筒递到了另外一个孩子那里："杨哲浩用童话的形式来讲形声字很有趣。"杜玉在旁边鼓励发言的孩子："太可爱了。"

三个孩子从不同的角度观察形声字，呈现出不同的学习方法。"杨哲浩用编童话故事的方式去理解记忆，生动有趣。潘薇伊从生活中的运动和家务来表现，带出了与皮有关的形声字的理解，可以感受到她学习的愉悦。彭奕然用查字典的方法，具有的浓密研究价值，'高端大气上档次'的组词有着浓郁的生活气息。"孩子们呈现了多样的解决问题途径。"iPad 也要求孩子们用多种信息来源来印证自己的观点，网络、书籍、咨询等，不同的网站，不同的书籍，不同的人。"在课堂中，她赞同"鼓励学生沟通交流展示想法，实现学生思维的碰撞和提升"。杜玉认为，"这种形式颠覆了传统的课堂"。

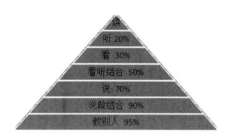

学习效果和学习方式关系表

我们就是要通过这些方式把孩子推到与世界接轨、与时代接轨的前沿，而不是封闭在小学的书本知识体系里。这样，孩子才有远大理想的可能，才有保持对世界的好奇与想象的空间，才有对科学的兴趣。

海量阅读与主题研究

iPad 改变了课堂的结构，但以往的优质课堂内容——阅读和写作，继续被保留在语文课堂中。

《窗边的小豆豆》是杜玉给学生安排的课外阅读书籍，围绕"童年岁月"这一主题，学生和家长们还一起阅读了很多文章：王小波的《童年的游戏》，鲁迅的名篇《从百草园到三味书屋》《少年闰土》《社戏》，《颜氏家训》片段，小古文《人在少年》《人生小幼》，以及《儿童散文诗》。同时，每天早读和每节课前 5 分钟，都是阅读听读经典的时间。经典有《弟子规》《千字文》《笠翁对韵》《论语》等，孩子们每天跟读，课堂上结合小古文学习。低段孩子的回家作业重点也在阅读。

重视经典，来自于杜玉对于父亲的印象："我爸爸私塾 3 年，比我的学问高。我们的孩子不能单独上私塾，不可能像我爸爸那样，但后来接触到私塾的严老师，他讲民国大师都是有深厚私塾功底，又有留学经历。我现在想，可能是因为私塾更单一更深入地专注于学习，所以效果很好。基于此，我有了想法，有了可操作的方法：在孩子记忆最强的时候自然诵读，读到骨子里，自然成诵。而大部分孩子学前不是零基础，有一些家长早就给孩子诵读经典，初步养成了阅读习惯，识字量也在 300～400 字。"

从二年级开始就换成了主题阅读，上学期设置了 3 个主题："大自然是个魔法师""童年岁月""科学的世界"。平时的语文课，杜玉就按这个主题来上。以主题阅读引领课堂来源于她对于孩子和教材的了解，她说："主题阅读是不丢掉教材淡化教材，因为孩子的认知水平超越了教材。小古文很美，孩子们很喜欢。有一个孩子还将小古文自然运用到写作里，在校刊发表了；也有孩子仿照鲁迅的《从百草园到三味书屋》。我的想法是，语文就是从阅读到写作（口头和书面），阅读，就是读古今中外的经典，然后迁移到写作。所有的教学形式都是以这个为目标，激发孩子阅读和写作的兴趣。"

"童年岁月"的主题下，选读的文章对于二年级的孩子来说很有难度，杜玉认为："iPad 课堂对于降低阅读难度有一定作用。小视频的作用，是希望孩子能将自己的阅读与小伙伴分享。阅读，有观察、识字和表达，然后通过视频分享，既是展示，也是共读，别的小伙伴看了视频，等于又阅读了一本书，自然而然地达到扩大阅读量的作用。有些孩子将阅读和旅行结合在一起，相当有实效。"

iPad 的使用，使得学习更社交化、生活化。"他要去哪里旅行，或者介绍哪个经典，孩子就说我在哪本书里看到怎样的介绍，他们在旅行中的表达更充分。"浏览 TechEDGE 学习论坛里的帖子，观看学生们提交的读书感受和日记，便能发现，"二（3）班的孩子早已超出二年级的阅读和写作水平"。

杜玉名师工作室成员，从右往左分别是：高大宝、刘智勇、涂海洋、杜玉、谭坤银、贺绍莉

走出象牙塔

在刘晓琴眼里，这是一种基于孩子未来的教育方式。"教育不是象牙塔，我

们是在为未来的社会培养人，教育必须迎接新技术的挑战。我们在继承传统的优秀教育经验的同时，教育要有力地面对未来，当移动电子设备成为与每个人息息相关的一部分的时，怎样有效地利用它是我们必须思考的。"

　　每一种新的科技进入教育领域，都影响着教育工作者们的工作和生活。在开发 iPad 课堂的过程中，万科分校与四川师范大学的教授有了更紧密合作。秦梅介绍："他们对我们的教师、家长、学生都有培训，对我们项目的每一个阶段进行指导，专门为我们开发了对学生创造力培养的评价课程。我们也在开发本地大学的课程，如开放大学的图书馆、实验室等的体验课程。例如，小学生进大学，参观邮电学院的通信实验室、四川师范大学的物理实验室，气象学院为我们做的一些实验，都是让孩子们有机会接触更广的范围。"

　　这些实践，让秦梅有了更多感悟。"一个人的视野宽阔了，他才会站在更高的位置来设计自己的人生，我始终这样认为。所以进入大学也好，用 iPad 也好，我们就是要通过这些方式把孩子推到与世界接轨、与时代接轨的前沿，而不是封闭在小学的书本知识体系里。这样，孩子才有远大理想的可能，才有保持对世界的好奇与想象的空间，才有对科学的兴趣。"

　　技术终究不能代替教师的研究和思考，但借助技术，我们希望带给学习者和教学者便利，以及对于生活的有益尝试。

《教育家》记者张艺芳

环境支持

重塑教师角色，追求深度学习

重塑教师角色，是学校教育从"以教为中心"转变到"以学为中心"。追求深度学习，是以创新方式向学生传递丰富的学习内容，鼓励他们在生活和社会实践中应用所学知识。我们希望在学生学习重要课程时将新技术融入教育教学中，实现教师教法和学生学法的变革。

国际 TechEDGE 项目与学校发展非常契合：一是技术融入教育，二是教师职业发展趋势。

学校在 2013 年初在国际项目负责人郭际的指导下开始了在语文学科的实验。我们从一位语文老师实验到一个年级的备课组进行全面的实验，老师们从一个学科、一个点的实验，到整体规划课程、探索教学设计流程模式、构建评估体系等全方位开展了实验。

■ 一、课程重构

学校根据项目的目标对语文课程和资源进行全方位的整合。在课程中突破了原来的课标、课本、课时的局限。增加了以学科知识为载体的批评性思维和创新思维的培养目标。课程内容增加了"小古文""绘本阅读""主题阅读""整本书阅读"等文本和"象形字""百度"等网站资源，丰富了课程内容和形式，给予学生选择的权利、探索的欲望，激发他们付出、领悟、创新、发现。

■ 二、流程再造

1. 任务前置

教师，在课前将学习内容以任务形式下发给学生。学生在任务的驱动下，进行自主学习，课前双自式参与——自读（"书"中学）、自做（"做"中学），找到适合自己的思维方式，完成基本学习任务。（论坛和全景平台领取任务，小视频完成任务）

2. 参与互动

课中学生将学习中的困惑和不解带入课堂。以小组交流和教师点拨的方式，在思维不断碰撞中，完成知识的掌握、提升。同时，在不断的评价中收获成绩、发现问题进行修正。

课中学生深度参与、全员互动（思维碰撞，问题解决，产生新的问题），实现思维碰撞提升。（全景平台即时分享，互动交流）

3. 重构提升

课后学生通过平台展现学习的收获和感悟，学生互评和自改作品，进一步提升自己的学习能力和作品质量。

课后重构提升：即时交流，即时反馈，提升了学生作为社会人的成就感、认可感、幸福感。

■ 三、评估重建

在专家的指导下建立了科学量化评估体系。评估指标不再是单一的学业成绩，而是对学习过程做有效评估，对个性成果管理做多维度评估，将学生的成长目标和方向作为重要的评估标准。本项目的评估有以下三个特点。

1. 重能力评价

在读书评估指导任务卡中，评估主要就多样性、创造性、明确性、逻辑性、流畅度等方面进行评价，指导学生在阅读中真正提升思考力和创造力。

2. 重过程评价

"关于生字提三个问题，并解答"这就是在对学生进行解决问题的思维引导。以前阅读只关注学生阅读理解，现在的评价任务中还引导学生学会准确区分文字和图片提供的信息，引导学生关注学习的过程。

3. 重多元评价

在本项目评价中不是老师一个人说了算，家长、伙伴都会在学生学习的过程中参与评价，并将完成后的作品放在网上，让网民进行评价，全员参与让评价更多元。

■ 四、初步成果

1. 项目实现了五个创新

创新一：学生和教师的位置互换

以教师为核心的课堂是远远不能满足学生的自我发展的。在 iPad 课堂中我们真正实现了以学生为主体、教师为主导。教师在课堂中的位置转变为学习辅助，支持学生的自主学习和思考。学生通过自己的思考、研究和制作完成对新内容的阐述；通过评价、讨论他人的作业完成对自己认知的强化。我们希望通过学生之间的无障碍沟通完成知识、信息以及思维方法的相互传递。

创新二：学生深度参与和互动

iPad 课堂和传统课堂不同，强调了以学生为主体的主动学习方式。我们的第一目标是每个学生的参与，并通过参与加强学生在过程中的沟通和合作能力。通过学习和借鉴他人的方法和想法，完善自己的知识体系。通过讲解自己的想法提高自己的表达能力和自信。

创新三：学生的信息读写能力提升

信息的获取方式随着科技的进步在不断变化。现在的学生已经可以从生活中的各个环节和互联网上寻找需要的信息。在 iPad 课堂中，我们鼓励学生在大量信息中搜寻、定位、思考、评估和展示所需要的信息。这个过程鼓励学生对所有的已知信息进行辩证性和创造性的思考，关联现有信息和搜寻信息，实现对所得信息的二次开发。

创新四：真正的互联网教育

互联网为学生提供了一个沟通和交流的平台，如何真正利用互联网的特性进行学习是新时代教育的核心之一。在 iPad 课堂中，学生可以通过互联网和 iPad 内嵌的语音视频聊天功能与同伴进行交流，逐步实现和全世界的学生进行双语沟通和交流。

创新五：数字时代的公民意识

我们的学生大多是独生子女，受到万千宠爱。这也可能导致学生产生以自我为中心的意识，忽略其他人的感受。在互联网时代，每个学生都有可能在网上遇到形形色色的人，如何正面地接受他人的想法、鼓励和评价别人的作品和内容是数字时代公民的任务。

2. 项目课程改革亮点

开放性的课程内容，呈现选材的丰富性。学生利用 ipad 的各种软件，将自己在假期中制作蛋糕，烙饼，小食品，用气球制作小狗，摆放家具，下国象、种植等生活以视频的形式录制下来，传递自己的生活趣味。也将自己的课外阅读、参观、旅行等活动录制成小视频，通过优酷和论坛，与老师和同学分享，这样的课程内容极大丰富了他们的假期生活。学习方式也自然与生活方式有机结合。学习即是生活，学习变为常态。

课程的设计不是教师独有的，虽然我们初期的设计是中外教师共同反复商榷定稿。但是学生的作品让我们看到家长与学生共同参与带来的惊喜。

交互性的合作共享，呈现课程的生成性。学生们在学习后展示自己的作品，通过交流互动，又启发各自的思考，再激励创造不同的作品。同时教师和家长也探索作品的新功能，这些合作交流将会在以后的课堂教学中生成更多技术，融入学科的新课程。

民主性的参与交流，呈现共建的合作性。在课程设计中，我们与市级，区级教研员合作，请他们参与课程设计和指导，从课程专家的角度指导；与国内外知名大学合作，聘请四川师范大学周俊雄老师和 Guy Trainin 教授从学科前沿进行教育信息与理念引领，使课程向科学性和系统性迈进。

在课程实施中充分调动家长的参与意识，将家长从辅助地位变为课程共同的设计者。从技术环境、平台等各个层面为教学提供帮助，为实现 iPad 课程顺利进行了积极的探索。

3. 参与项目人的变化

教师的变化是项目推动的关键点。学校利用项目组、四川师范大学的专家对学校的教师进行各种培训，助力转变教学理念，教师在课堂中探索深度对话，让学生充分自主学习，根据学习内容自主选择学习素材；自主选择学习方法，达成不同的学习目标。教师理念的转变成为了课堂转变的重要因素。

学生的变化是项目最重要的指标。实验班的学生实现了思维的多角度、多层面，创新能力不断发展。这是一位家长看着孩子的成长最真实的感受——

时间转眼即逝，恍然间孩子们已是二年级的学生啦！回想一年前学校给我们家长说，咱们班要作为学校 iPad 实验班，将用 iPad 作为教学工具，全程参与孩子们的学习时，到现在孩子们已可以独立、熟练地完成视频制作、WPS 文件编辑、论坛分享等软件的使用，让我们家长感触颇多。现将我眼中孩子在 iPad 课程上的成长与大家分享一下。

（1）利用互联网这一先进的学习资源自主性和探究性学习。这样可以发挥孩子们各自独有的天性，避免了孩子们同一问题只有一个标准答案，缺乏理解及创造的能力。只有给了他们充分的想象空间，孩子们才可以开出不同的花朵。这样才能真正体现现代教育中提倡的因材施教。例如在孩子们看图写话上，给他们同一幅画，孩子们可以从自己喜爱的角色进入，写出自己的想法和观点。

（2）提高了孩子们自主学习的能力。现在孩子在课外书的阅读时，遇到不认识的字、不理解的词语，孩子们不会只单纯的依赖家长的帮助，他们学会了利用iPad在网络寻找答案，甚至会有延伸的知识探寻。例如，对象形字典的使用，孩子不仅知道这个字的读音、拼写、笔画、意义，还要了解这个字的演变过程，从而让孩子真正读懂汉字，并且对这一古老文字加深理解和认识。

（3）培养孩子的逻辑思维能力。值得一提的是，孩子在视频的制作过程中，在每次视频制作前，老师都会告诉孩子利用图表形式写出、画出每幕的提纲，并教会孩子们在思维中先建立树干（主题），再让孩子们根据自己的爱好添加树叶（图片、文字、朗诵），最后孩子们会根据自己的作品的形式添加上美丽的花朵（音乐）。一个作品完成，他们还会将它发布到优酷这样的网络平台，大胆展示自己，增强了孩子们自信心。

（4）小组分享，团队合作。在iPad课堂上，从最早的小组共享板到现在的论坛，给孩子们搭建了一个分工合作、互相学习的平台。在这个平台上，孩子们相互分享自己的作品，相互鼓励，相互找问题，解决问题，以达到共同进步的目的。

这是孩子的真实收获：家长的变化是项目中最亮丽的风景线。家长们刚开始接触iPad项目时不认同、不理解，不接受，不愿意孩子们使用iPad，认为iPad就是一种"玩具"，只适合看动画、打游戏，不少家长还担心"自控能力差"的孩子沉溺于游戏中，更担心"影响孩子视力"。在家长们看到孩子的变化后，家长的态度在其中成为"催化剂"，家长也成为引路人。他们关注孩子的成长，尊重学生的想法，指导孩子不断尝试，甚至成为孩子共同的学习者，并自觉不断地为教师、为孩子推荐形形色色的"APP"资源，从而构建了家校共建iPad课堂的良好大环境。

回顾项目推进，既有喜悦，也有困惑和困难。我们在推进的过程中看到了教师的改变、学生的成长，就是对课程最好的肯定。我们将继续努力探索、践行，为万科分校的学生的未来付出我们的努力。

成都师范附属小学万科分校副校长　陈英姿

成都师范附属小学万科分校主任　辛婕

第二篇　思考与践行

　　杜玉名师工作室初步尝试构建"基于魔灯平台的小学语文教学",实践语文阅读与习作评改教学新模式。2014年开始开展基于公共应用工具的"iPad课堂"建设,并加入国际TechEDGE(技术融入教育)项目研究,引入"全景课堂"学习平台,并全面推广这一教学方法。之后开展基于不同信息化教学环境下翻转课堂所对应的教学模式研究,探索在"互联网+"的环境下具有中国特色的典型教学实践。工作室在教改过程中一路坚持"教育信息化",取得了丰硕的成果。

小学语文与信息技术资源整合课程

新课程强调大力开发课程资源，强调面向生活，面向社会。小学语文教学"大语文观"提出，语文教学要走出课堂，注重学生课内外知识的融会贯通。语文本质上不是一门知识课，不是靠灌输就能获得知识的课程，而是需要实践、体验的课。正如任何一门这种类型的课一样，它有自己的基本范畴和话语系统构成，是在"入门阶段"起到引领作用的基础知识（也就是俗称的"师傅领进门"），但是真正的掌握和运用，需要依靠学习者自己去实践、体验（也就是人们常说的"修行靠自己"）。在近几年教学中，我们通过对不同教材的使用，在语文课程资源的开发和运用上进行了一些探索。

■ 一、在识字教学中的课程资源的开发和运用

我们曾使用过的景山教材和北师大教材，是在新课程理念指导下编写而成的。它以集中识字为起点，大量的识字为儿童提前阅读提供条件。但如何将相对枯燥的识字教学和当代儿童丰富多彩的生活需求相结合呢？为此我们积极开发现代教育信息资源，将现代教育技术与识字教学有机结合，激发学生识字兴趣，通过各种渠道将汉字生动形象地展示在学生面前，特别注意在三个维度（知识、能力，过程、方法，情感、态度、价值观）进行一些尝试。

1. 运用信息技术，开发课堂资源，调动学生在生活中积累识字

汉语是学生的母语，在课堂上如何调动学生的生活积累，特别是运用信息技术，开发课堂资源，是时代对教师的要求。为此我们在课堂上尽量运用多媒体展示能贴近学生生活的材料，调动学生的情感体验，提高学生识字兴趣，强化对汉字的识记。布鲁纳说过："学习的最大兴趣，乃是对学习材料的兴趣。"学生天性好动、好玩，运用多媒体动态画面和抒情动听的音乐，引起学生兴趣，刺激他们的大脑皮层产生兴奋中心，能迅速对感知到的事物做出积极的心理反应。学生在

一种轻松和谐的气氛中自觉自愿地学习，新奇精彩的画面令学生惊叹不已，妙趣横生的卡通人物令学生开怀大笑，在艺术的感染、熏陶、启迪下，他们不知不觉记住了这些字，感受到祖国语言文字的美。

例如，形声字识字，一般以一个基本字带出一串形声字。教师运用多媒体软件设计出这样的识字模式：由一个基本字飞入不同的部首组成一个个新字。基本字组字也采取一个个熟字出现再迅速组成新字的动画效果，生动、高效。

在理解词义时，尽量选择画面或录像调动学生生活积累。并积极鼓励学生在家长的帮助下自己学会收集图片、文字资料解决问题。

2. 运用信息技术，开发课外资源，贴近学生生活识字

景山教材以集中识字为起点，要巩固识字必须让汉字回到语言环境中，回到生活中。因此大量的课外阅读和有意识的生活积累、初步的运用语言是巩固识字的最好途径。

现代教育技术在生活中无处不在，因此提供多种渠道，让孩子在生活中进行综合实践，为此我们开发了系列课外资源。

鼓励学生在影视中学汉字：提倡看原版影视作品读汉字字幕。既提高了学生艺术欣赏水平，扩大了文学作品的阅读量，又有意识地认识了新的汉字，反复呈现了熟字。

学唱少儿卡拉 OK：提倡在字幕呈现中学汉字。既提高了学生音乐表现力又有意识地让学生在优美的旋律中认识了新的汉字，巩固了熟字。

学习键盘输字：提倡将自己简短的话用键盘输入。既提高了学生运用语言的能力，又有意识地让学生初步掌握信息技术的运用。

学习网上下载：提倡自主浏览，读懂大意，接触"见面字"。既让学生初步掌握信息技术的运用，又初步学会信息的收集。

读街头灯箱感兴趣的广告：提倡发现错别字。既巩固了学生的汉字学习，又培养了处处留心生活的好习惯。

针对以上资源开发和运用，我们看到教师应多方面、多层次来定位识字目标，教师从实践活动与学生的知识掌握和能力培养的关系，从实践活动与学生个性发展的关系来定位实践活动的目标；从实践活动对学生的影响，从实践活动对亲子关系、家庭关系、社会环境来定位实践活动的范围，从而把实践活动变成学生和家长之间、家长和学校之间、学校和社会之间产生联系的一种媒介。由此可见，教师应该更多地从学生个性发展的角度来设计实践活动，而不应该仅从自身教学或增长学生知识的角度来设计，学生选择实践活动的内容因人而异，从而达到培养学生特长的目的。

由此得到启示：一些社会实践应该由学生独立完成，这样可以培养学生的自我控制能力；一些社会实践可以考虑家长的参与或同学的合作，这样有助于学生形成融洽的人际关系。也就是说伙伴与家长的资源也是教育资源的一部分。

■ 二、在习作教学中的课程资源的开发和运用

"语文教师应高度重视课程资源的开发与运用，创造性地开展各类活动，增强学生在各种场合学语文、用语文的意识，多方面提高学生的语文能力。"在习作教学中，怎样关注语文课程资源的立体开发和运用，提升学生习作能力？

1. 开发阅读课程资源，指导习作尝试

人本主义学习理论强调教师应把大量的时间放在学生提供学习所需要的各种资源上。因为当学生觉察到某些学习资源与他自己目的有关时，意义学习便会发生；当某些学习资源有悖于学生自己的看法时，学生学习时会抵触。因此，我们在进行教学设计时，应考虑以下几个方面。

首先，教师应具备使用信息系统、获取信息、分析信息、加工信息、利用信息的能力。这为教师便捷地利用各种学习资源提供了可能。其次，教师应主动向学生介绍自己拥有的知识、经验、特定的技能和能力，以便学生及时求得帮助。最后，建立虚拟学习社区，从网上推选一些学习、生活经验丰富的人，让他们来解答学生关心的一些问题。

我们在进行阅读教学时，往往要让学生根据课文的需要查阅许多相关资料，为帮助学生依据资料提供的背景理解课文、提出批判性的评价。在学习《做风车的故事》一课时。我们从孩子们分小组介绍的资料中发现，他们无意识地从几个不同的方面分别介绍了牛顿的生平、发明、出版的著作、有趣的小故事及名家对他的评价。在教师的指导下，孩子们归纳出牛顿的特点：勤于思考、善于观察、喜欢阅读、注重操作，有时到了废寝忘食的地步。这是从一篇课文的学习中不能得到的收获。就此启发我们结合国外先进的教学方法，设计了撰写你喜欢的"科学家研究报告"的习作。我们为孩子们提供相关网站，教给阅读整理、筛选的方法，提供写作范例（见下表）、指导电脑制作的孩子学习 PPT 的制作与演示。孩子自选合作小伙伴，协商共选作为研究对象，分工合作共同完成一份研究报告并在主题队会上汇报。学生自主评价。

＊＊＊＊＊（科学家）研究报告
生平：
创造发明
论著
名家评价
有趣的小故事
我们的收获

由此可见，如果教师在进行教学设计时充分利用了各种有用的学习资源，那么就可以促进学生扩展其思维方式，改进其学习方式，进而促进其意义学习。因此，基于人本主义学习理论的学习过程是自由开放的，是依靠学生根据自己的个性来选择学习路径的。

2. 开发网络环境资源，指导习作尝试

《语文课程标准》提出："语文教学应在师生平等对话的过程中进行。"而"对话"不同于灌输信息传递的单向性和非对称性，具有多向性和对称性，在对话中双方都是主体。在对话式的教学过程中，教师与学生不是一种灌输与被管束的关系，而是一种平等的双向的交流关系。

在实践中我们初步尝试了以计算机作为交流工具，语文学习环境不断地开放化、多元化、复杂化、动态化，增强语文资源的开放性、语文课堂的开放性、语文学习的开放性、语文实践的开放性，突破学科独立性、时空封闭性、内容狭隘性，引导学生学会交际与沟通，由单向的"接受性学习"向多向多元互动的"交互性学习"转变，从而能够自如地在这种网络环境中进行语言交互、情感交互、信息交互、思想交互，并在交互中不断地自我学习、自我完善、自我发展，不断地调整自我。

《我的成长足迹》是受《品德与社会》中"我长大了"教学内容启发，让学生选择最能展示自己成长过程或某一精彩瞬间的照片配上文字说明，并用 Word 文档制作成电子作品设计的一堂网络环境下的习作指导课。课堂上学生在教师指导下可从教师上传到网络平台上的同学作品中，自主调阅自己感兴趣的小伙伴的作品，先浏览，再精读，最后评价修改。教师和学生一起阅读、欣赏、评价并适时指导。师生进行对话，始终保持对话双方的平等意识，给学生充分的独立体验时间，指导学生用多种方式来表达自己的阅读感受。由于习作充分尊重学生富有个性的情感体验和思维方式，鼓励学生说自己想说的话，写自己想写的文章，杜绝将学生的思维纳入既定模式的。题材适合学生的兴趣和情感体验，孩子们写出的文字个性飞扬，极具童趣。而网络环境又为学生提供了充分的自由交流、自主阅览、自主评价的条件。学生为自己的作品得到小伙伴的欣赏和认可而自豪。由于在网络上可以及时调阅同伴的文档，在互评中就有比普通教室学习和范例讲授更真切、实在的感受。随着学生信息素养的提高，修改后，还可将修改稿发送给小伙伴，更具时效性。

在作品制作过程中孩子和家长、老师共同参与。在照片扫描、文档设计、文字说明等环节，都经过反复咨询、实际操作。孩子们参与的积极性和主动性很强，使他们的情感、态度、价值观在语言交际、文字写作及输入、网络教室使用等方面都得到全方位的体现。实际收获并非仅仅一个电子文档。课后教师鼓励学生将作品在网上发布，让学生们积极进行多元互动。

由此可见，网络环境下的语文学习，是课程资源的开发的重要方式，在今后的教学中我们将引导学生：①以信息为载体，进行教师、学生的多向多元交互；②以学习、生活为中介，进行网络世界与现实世界的双向多元交互；③以现代通信设备为工具，进行跨地区、跨人群、跨领域的多向多元交互。立体地开发教学资源。

开发课程资源的途径是多种多样。例如，拓展课程的知识是一种开发，挖掘潜藏在课程的内在信息也是一种开发；教师创造性地使用教材是一种开发，学生能动地学习也是一种开发。那么，通过精心设计学习问题这种方式，同样可以达到开发课程资源的目的。

■ 三、在综合实践中的课程资源开发和运用

《课标》提出："沟通课堂内外……拓宽学生的学习空间，增加学生学习语文的实践机会。"

再说前面提到的《春天》这个单元。我调整了教材的顺序，指导孩子们进行大量的观察、实践（先学习了《一粒种子》，学生自己种了种子）、阅读（推荐学生诵读描写春天的诗歌）。同时，我还制作了生动的多媒体课件，收集了图片、录像、歌曲。这一系列的实践活动，让学生把自己的经验世界和文本密切联系起来，在学习课文的时候轻松愉快地进入情境，甚至模仿课文编出了令人惊喜的诗句！我们召开了《"春之声"诗歌朗诵会》，并邀请了部分家长参加，受到他们的支持和好评。寒假里，我在网站上看到教材，第一单元是《元宵节》。要是上课，学生没有生活积累，肯定不能体会课文描述的元宵佳节的欢乐和美好。于是，我

假期着手设计了一个语文综合实践活动方案，开学后，先上了第二单元的课，第一单元挪到了第二周活动结束后来上。用了一周时间，指导孩子们自己制作灯谜和灯笼，让我们年级再过了一次元宵节。我也制作了跟本单元生字有关系的灯谜，买了奖品。在活动过程中学生自主完成了识字任务，他们收集整理信息的能力、参与活动的意识都得到了锻炼和提高。

几点思考：

补充教材，扩大阅读量。叶老早就说过：教材无非是例子。那么，利用好例子教给学生学习方法之后，接下来应该是大量的实践，只有在实践中学生的能力才能不断巩固、提高。基于这个思想，我经常搜集课外阅读材料，推荐给学生阅读。给他们设立了"采蜜本"，抄好词佳句，优秀篇目。比如上学期，学了《大海》这个单元后，学生课外会背诵的关于大海的诗歌有七八首，是课文的四倍。大量的实践非常有利于学生积累语言文字和培养语感。除了这些文字性的课外学习资源，我感受最深的还是教学生读"无字的书"。叶圣陶先生在《读书二首》中说"天地阅览室，万物皆书卷"，陶行知先生说得更详："花草是活书，树木是活书……（这些）都是活的知识宝库，便是活的书。"把自然和社会视作"无字的书"或"活书"，不正是大语文最好的体现吗？

语文生活化，生活语文化。语文是无处不在的。语文是母语，这个特点就决定了处处可以学语文。我们的教研课题就是"开放式识字教学探索"。一年级、二年级主要任务之一就是识字、写字。我们的主导思想之一就是在生活中识字。我们经常有意识地引导学生注意大街上广告、餐厅的菜谱、电视节目的汉字，并与家长做了充分沟通。在家长的支持下，学生在生活中识字的能力性非常明显，自主识字的能力提高很快。学生通过预习解决大部分生字了。上课的第一个环节常常是检查学生预习情况，而不是从头开始教学生识字。很多家长都根据教师的建议在家里设立了识字园地等，把孩子自己认识的字整理到一块，不断激励。春节过后，指导学生搜集对联，读一读，体会什么是对仗，寄托了主人的什么心愿；设立"金话筒"节目，每节语文课前，用三两分钟时间，说说自己的最新见闻。无处不在的语文活动，将课内外资源有效地运用，帮助学生自主学习。

成都市锦江区名师工作室　杜玉

iPad 融入学习生活带来的惊叹

让学生自我认知、自我唤醒、自我发现，从而形成独立人格、独立思想，最终成为与众不同的自己，这才是教育的根本。

在人们争议 iPad 进入教学的利与弊时，我们在专家的指导下开始了 iPad 课堂之旅。

在引导新入学的一年级学生初步使用 iPad 自带软件后，我们从寒假开始陆陆续续收到在家长指导下完成的学生作品：有 Puppetpals HD 制作的故事，有 Educreations 制作的阅读和数学，有 Teach 制作的打字视频，有 iMovie 制作的小电影。几百个作品，大大超过我们课程设置时的担忧。技术进入学习生活不是可望而不可及的。

■ 一、开放性的课程内容，呈现选材的丰富性

从我们计划的 iPad 课程的家长培训开始，我们在期末参与了专家们 3 个小时的在线指导。之后我们的 iPad 预备课程正式开始。家长们在郭际老师录制的视频指导下下载对应于课程的软件，开始按照年段目标课程进行 iPad 课堂的尝试。在我们收到上传的作品中有以下几种类型。

课外阅读：广泛的阅读一直是语文老师积极追求的目标。但是怎样通过阅读与表达结合，实时地与同伴交流，实现有效的阅读。限于时空和大班额，在传统的教学中很难实现的。而 iPad 的介入使即时的阅读交流变为一种可能。学习伙伴将自己的阅读制作成作品，并通过邮箱传送给老师和同学，他们在假期中也能看到伙伴的阅读和介绍（这是基于软件使用的尝试）。伙伴可以观看、借鉴、评价。如此的交流，使阅读进入生活，阅读与人共享，也实现了真正意义的阅读与分享。

生活记录：在传统教学中，学习只是坐在书桌前阅读和计算。iPad 的进入。强调生活即学习的理念，并使之成为现实。在收到的大量作品中，就有来自记录生活的大量作品，传递自己的生活趣味。并自然将生活与学习有机结合。

学习展示：在作品中我们发现了记录学习成果的一类。他们围绕一个主题展现自己学习过程。其中印象深刻的是潘薇伊的作品，它围绕书法这一主题，从在书法老师那里学到的书法作品展示和介绍到自己描红、朗读、制作充满年味的福字拜年，囊括了自己假期中书法的成果。我们由此看到孩子们潜力无限。学习即是生活变为常态。

旅行掠影：在寒假这一特殊的环境中，我们收到很多孩子们回到家乡、外出旅行的作品。孩子们在旅行中精致选材，一张张鲜活的照片，一句句稚气的解说，介绍了自己家乡的文化、旅途的风情，把我们带进他们的世界。对于一年级的小朋友来说，这不仅仅是一次次游玩，更是对故乡和世界的了解并能与人分享。iPad 让生活即是学习变成可能。

娱乐世界：玩具是孩子们永恒的童年。当收到来自玩具创作的作品时，我们惊叹孩子也是课程的设计者。当看到恐龙、气球、象棋也在作品中呈现时，我们发现基于儿童玩耍的玩具有更为丰富的课程整合。其中有基于数学的、手工的、语言表达的。他们将影片与自己的收集剪裁的人物相结合，以自己的视角讲述感兴趣的内容。

趣味数学：开初我们设想是每日一题进行教师有指导的数学思维训练。但是还没有上传指导意见，我们的家长就根据自选的教材，进行了丰富的数学思维训练。其中有分类、面积、比较、猜数等。精巧易用的软件让他们表述清晰，体现了每个学生独特的思维。

课程的设计不是教师独有的，我们初期的设计是由中外教师共同商榷定稿的，学生的作品让我们看到家长学生的共同参与，使我们的课程更加丰富、务实。开放的设计收到预想不到的效果。即时生成的课程让 iPad 课程从一开始充满生活气息，彰显 iPad 课程的生命魅力。

■ 二、差异性的评价视角，呈现多元的指导性

这次 iPad 课程评价有一个与众不同的评价方式。

在我们倾向于创造性思维培养的重要性而又无从入手的同时，我们可以从郭际教师的评价中看到创新思维的培养引导。

杜老师：筱悦，看到你鲜艳的图画和可爱的你，听到你甜美的声音讲述你采草莓的故事，我们羡慕极了。你的讲解很流畅，能告诉我是什么原因吗？

建议用上先、再、然后、最后等表示时间顺序的词来代替一串的"然后"。期待你更精彩的寒假生活。

这是教师的评价，也是我们见惯不惊的表达。有我们倡导的鼓励，也有我们认为应该改进的细节。

看看郭际老师对同一个作品的评价：

筱悦，你好！

感谢你分享的关于草莓的故事。

在你的故事中，你首先用一幅草莓的照片点明了主题，告诉你的观众这个故事是和草莓相关的。我尤其喜欢你介绍草莓时的那张照片，从另一个方面指明了重点。之后，你在草莓生长的过程中增加了很多有趣的内容，比如说自制的卡通版的虫子、蜜蜂。这些虫子的进进出出实际上是和观众的一种互动，令观众感觉置身在环境中。之后，你又融合了草莓未成熟时的照片和你品尝草莓时的照片，给我一种亲切的感觉（我在看你视频的时候正在吃猕猴桃）。在视频中，你使用的语言简洁明了，对草莓生长过程中的重点把握也很不错。

如果你在网络上查询下相关的资料，可以完成一个和草莓相关的科学研究小视频：草莓是如何成长的。在大棚草莓种植中，对温度、湿度等都有很多的要求。如何使用一个5分钟左右的视频（不少于4分30秒不多于5分30秒）完成对草莓种植的科学描述？这个视频作业仅仅是建议完成，如果你完成了，我很有兴趣和你分享你的作品。如果你决定完成这个作业，请在3周内完成。

期待你更多的作品。

郭际

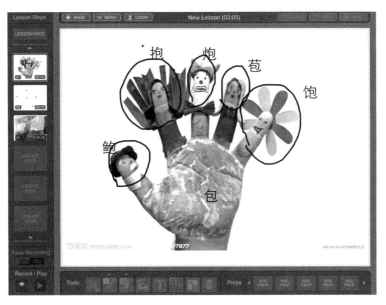

评价的规范性：表现出对学生的尊重、学生与教师的平等，更易于师生的平等交流。

评价的针对性：体现出对学习的指导，老师并没有把学生当成一年级的小学生空洞地评价，他从选材的主题、重点、内容、语言及带给观众的感性认识等方面，用孩子易于接受的方式，娓娓道来。亲近中不乏学术味，趣味中不乏指导性。具体到下一部作品的内容、时间、制作软件的选用。

从中看出教师的素养和丰厚积淀的关系。人的成功一定少不了丰厚的积淀，这种积淀为未来小概率的成功机会创造条件。我们的教育应该给学生提供大量阅读的机会，以各种方式搭建阅读交流的平台。iPad 无疑是一个很好的实现这一理念的形式。

■ 三、交互性的合作共享，呈现课程的生成性

iPad 课程在小学是零起点。教师、学生和家长都在探索中行进。从前面的叙述中不难看出，在具体实施课程中，家长和学生的全程参与给我们带来意想不到的惊喜。对于操作有难度的软件，家长们指导孩子做出了完整的作品。对于课程内容的选择，家长指导孩子丰富了课程的内容。生活、游戏、旅行、阅读都进入作品。从中也启发教师不断设计新课程。郭老师的小视频推荐、科学小组的设

想，都是在学生和家长的共同交流互动中产生的新的计划。小伙伴在相互交流互动中，又启发各自的思维，激励创造不同的作品。我们相信，新的课程开始后将有更多的惊喜。在小软件的使用中，教师和家长发现许多新功能。

■ 四、民主性的参与交流，呈现共建的合作性

充分调动家长的参与意识，将家长从辅助地位变为课程共同的设计者。特别是我们从中不断生成的课程设想——微课小组，科学兴趣小组的建立，为今后的iPad课程开展，翻转课堂的实现创造条件。

家长自愿者的介入，将成为 iPad 课程研究的生力军，他们当中不乏技术的强者，高学历者，特别是对自己孩子全力的关注度和辅导的反馈，将会对课程设计起到良好的辅助作用。

成都师范附属小学万科分校名师工作室主持人 杜玉

内布拉斯加大学林肯分校教育和人类学院 Guy Trainin 郭际

将博物观念引入中小学语文教学

近年来，随着经济社会的迅速发展，人们对美好环境的迫切追求，以及在生态文明和绿色发展的国家战略指引下，博物学呈现复兴的强劲势头。语文教育和博物学都具有贴近生活、包罗万象的特点和注重文字抒写的传统，因而将博物观念引入中小学语文教学并非一个标新立异的噱头，而是传统的回归，是立足现实的需要。

■ 一、必要：中小学语文教学与博物学的紧密联系

1. 中小学语文教学内容与博物学的联系

中小学语文阅读教学中的写景状物散文、科普说明文、自然科学论文、科学文化经典、人物传记等多种文类与博物学有密切关联。教材中朱自清的《春》《荷塘月色》、老舍的《济南的冬天》、梭罗的《瓦尔登湖》等现代散文都是书写自然万物的优秀篇章。多角度观察自然、写景状物，表现对自然万物的真情实感也是中学写作教学的基本要求。劳伦兹《动物笑谈》、霍金《宇宙的未来》、叶圣陶《苏州园林》等说明文更是以博物为主题，法布尔的《昆虫记》还被列入中小学阶段的名著必读书目。高中语文选修课程《中国文化经典研读》中还专门设立"科技之光"单元，深入研读《天工开物》《徐霞客游记》等古代科技著作。除了记录"沿博物之路拥抱大千世界"的一阶博物学写作之外，中小学语文也有关于博物学家的二阶博物学内容，如让·乔诺《植树的牧羊人》、欧文·斯通《达尔文传》等。

2. 博物观念是中国古代教育的重要内容

中国古代很早就出现了博物观念，并和古代诗歌教化与"小学"教育紧密关联。《论语·阳货》篇就记载了孔子教导学生学诗，认为诗歌除了具有"兴观群怨"的情感表达作用和"事父事君"的政治教化功用以外，还能"多识于鸟兽草

木之名"，与世间万物相联系。作为学习工具的文字、音韵、训诂等"小学"著作也有丰富的博物知识。古代最早的工具书《尔雅》中就有对草、木、虫、鱼、鸟、兽、畜等动植物名词进行阐释的专门章节，中国文字学的奠基之作《说文解字》中也常见对鸟兽草木虫鱼字义的解说和考证，并认为"见鸟兽蹄迒之迹，知分理之可相别异"是先人创造文字的基本思维。

3. 自然万物是作家文学创作的动机与手段

春夏秋冬的节序变化、阴晴雨雪等自然现象和草木虫鱼等世间万物往往是作家进行文学创作的触媒。西晋陆机《文赋》有言："遵四时以叹逝，瞻万物而思纷。悲落叶于劲秋，喜柔条于芳春。心懔懔以怀霜，志渺渺而临云。"说明了在进行创作前，作者需有较高的观察社会、自然的能力。此外，世间万物也是作品中起兴比德、引譬连类的对象。《诗经》首篇就以"关关雎鸠，在河之洲"的河畔鸟鸣的场景起兴。汉代王逸指出："《离骚》之文，依诗取义，引类譬喻，故善鸟香草，以配忠贞；恶禽臭物，以比谗佞。"动植物还是作家抒情言志的重要意象和表现思想趣味的载体。古代为士人作诗填词而编撰的类书，就对动植物意象进行了分门别类的总结，以备查用选取，使他们的创作具有浓厚的博物雅趣。时下的中学生也都知晓陶渊明笔下菊的高洁脱俗、杜甫借马表达的雄心壮志、林逋"梅妻鹤子"的隐逸情态、周敦颐对莲"花之君子"的称誉。

4. 博物知识是读者理解文学作品、运用语言文字的必要环节

然而，这些充满自然生机与生活情趣的博物知识，在时下的语文教学中多被当作冰冷的符号，在具体的教学环节中甚至是可有可无的点缀。如教师在讲授鲁迅的《从百草园到三味书屋》时，对作者年少时在百草园莳花弄草、捕鸟活动本身并不关注，只用一些修辞手法、细节描写、动静结合等干巴巴的术语加以概括。试问，如果不能引导学生展开想象，还原那个记录着作者童年乐趣、体悟到人生哲理的乐园，学生如何能够深入把握文章情感？进而让学生热爱自然，用优美的文字记录和表现生活又从何谈起？以博物视角观照鲁迅作品，如少年闰土在海边沙地看守西瓜、与野物斗智斗勇的场面，清朝留学生头顶上像富士山形状的辫子，划船看社戏途中所见的风物人情，可以发现鲁迅并不只有深刻、冷峻的一面，他平和、幽默，极富生活情趣，从而消除了学生与作家之间的隔膜和刻板印象。

■ 二、路径：博物＋语文学习任务群

《普通高中语文课程标准（2017年版）》明确提出以学习任务群的形式构成

语文课程的教学内容，包括文学阅读与写作、整本书阅读与研讨、当代文化参与、跨媒介阅读与交流等。采取"博物＋"策略，在不同学习任务群中增加博物视角、融入博物情怀是把博物观念引入中学语文教学的基本路径，以下笔者将分别探讨。

1. 博物＋文学阅读与写作："复活"文本中的博物因素

文学阅读与写作是语文课程最主要的内容，各类文本中都包含许多博物因素，但往往不受读者关注，仅被看做生硬的符号。让作品中原本活生生的叙述对象"复活"，对学生理解和阐释文本，激发他们的创作热情大有裨益。叶嘉莹先生就曾说"花间集"被人变成了一个非常生硬、死板的名词，若换一个新鲜角度来看，叫它 The Collection of Songs Among The Flowers，"你会觉得《花间集》是个很美的名称，就可以想象到，那里边的歌词一定是非常美丽的歌词，是当时的诗人文士写了歌词，在歌筵酒席之间交给美丽的歌女去演唱的歌词"（摘自叶嘉莹《唐宗词十七讲》2017 版第 6 页）。

如在诗文作品中，自然万物多是被作者注入主观情意的"意象"，也是读者开展想象并还原诗境、把握情感思想的重要视角。戴望舒《雨巷》中的"姑娘"具有"丁香一样的颜色，丁香一样的芬芳，丁香一样的忧愁"。学生初次接触诗歌文本时，最直接的思维活动便是利用生活经验联想丁香的颜色和形态。教师可借此让同学用多样化的语言描述，适时展示丁香的真实面貌，让作品中的丁香在学生的脑海中活起来。进一步引入古诗词中的丁香意象，由此分析得出诗中"姑娘"具有美丽纯洁的外表、素雅馨香的气质和纤柔忧愁的神韵。以这种顺序安排课堂活动，将诗中雨、巷、油纸伞、篱墙等意象分别阐释之后，学生对诗歌意境和情感的把握也就水到渠成了。与之类似，屈原《离骚》中的众多"香草"、杜甫《登高》中的"风急天高猿啸哀，渚清沙白鸟飞回"、李清照《醉花阴》中的"人比黄花瘦"等诗句情感的深刻把握，也需要以真实的感知为基础。

此外，博物学所具备的客观准确性也有利于学生把握和研读诗歌。如《古诗十九首·涉江采芙蓉》一诗的"芙蓉"是全诗最重要的意象，然而此处的"芙蓉"并非现在人们指称的锦葵科木槿属植物木芙蓉，而是人们更为熟知的荷花，否则就不可能有涉江采摘的情境。此时，教师引入与荷花相关典籍和文艺作品，将荷花的特性及其深厚的文化内涵做更为深入的解读，讲解并鼓励学生创作咏荷诗词，为课程提供了更大的生成空间。

2. 博物＋整本书阅读与研讨：走向真实、趣味的课外阅读

《义务教育语文课程标准（2011 年版）》明确指出："要重视培养学生广泛的阅读兴趣，扩大阅读面，增加阅读量，提高阅读品位。提倡少做题，多读书，好

读书，读好书，读整本的书。"高中语文课程标准还明确将"整本书阅读与研讨"单列为学习任务，贯串语文课程的所有环节。但在具体教学实践中，整本书阅读却存在学生自主选择书籍低龄化、课外阅读环境沙化、感悟思辨能力平面化等问题。以博物学作为整本书阅读的开展角度，或能使课外阅读真实有效、各具兴味。

如在执教《诗经·魏风·氓》时，笔者特别关注文本中"桑"意象对诗歌表情达意的意义，进而拓展至整部《诗经》中的各类植物，引起学生去探究《诗经》中植物文化意义的兴趣，也倒逼学生在课下自主、真实地阅读整本书，随后再利用每节课前的几分钟做阅读分享。学生通过阅读整本书了解到：在《诗经》305篇诗中，明确写到桑意象的就有19篇，有如《鄘风·桑中》《小雅·隰桑》《卫风·十亩之间》《卫风·氓》对爱情婚姻的见证，还有《小雅·小弁》中对故乡的指代，亦有象征君子之德的《曹风·尸鸠》，这些诗篇构成了文学史上"桑"意象的特定传统，影响深远。在此基础上推荐学生阅读潘富俊的《诗经植物图鉴》《草木缘情：中国古典文学中的植物世界》、贾祖璋的《花与文学》等书籍。"在课内引起阅读的兴味，学生课外就会主动找书来读，慢慢形成习惯"，并在同学间交流，再加上教师进行指导，会使个人阅读能力得到不断提升。

3. 博物＋当代文化参与：提升文化自信与社会关怀

国内外的重要事件，日常生活的话题既是语文课程的资源，也是语文课程的重要学习任务，旨在引导学生参与当代文化生活，评析文化现象，增强文化自信。关注社会生活中的博物因素，能让该学习任务在学生日常生活中顺利落地。2017年10月25日，在十九届中央政治局常委同中外记者见面会上，中共中央总书记习近平在讲话最后援引元代诗人王冕的题画诗《墨梅》"不要人夸颜色好，只留清气满乾坤"的诗句，彰显了大国大党的自信、胸襟与气度。教师以此为契机，引导学生深入理解并梳理古人"岁寒三友""花中四君子"等借助自然万物寄寓的浩然正气。2018年春节期间热播的诗词文化类音乐节目《经典咏流传》唱火了清代诗人袁枚的小诗《苔》，苔身形渺小、长于背阴处，但毫不自惭形秽，仍要向世界尽情绽放自己最美的瞬间。将其作为新学期的第一课，苔所象征的自信充盈的人生态度以及诗人细心体察万物的精妙视角都能给予学生很大的启迪。16年前，植物学家钟扬的只身一人来到西藏，为西藏的植物种植资源研究一直奋斗到生命结束；天文学家南仁东将毕生心血都奉献给了"天眼"，被尊为"中国天眼之父"。在这些先进事迹见诸各类媒体时，教师可多样化搜集传记素材，让学生和当代的杰出人物近距离"交谈"，从他们的生活轨迹、喜怒哀乐、人生经验中感受科学家身上的科学精神、创新精神、工匠精神，并逐步寻找到适合发挥各自潜能的契合点。

4. 博物＋跨媒介文化研习：关注文体意识与媒介素养

随着互联网技术的蓬勃发展，传统媒体和新兴媒体的融合发展已进入"你中有我，我中有你"甚至"你就是我，我就是你"的阶段。培养学生的跨媒介获取、处理和应用信息的能力和素养也是语文教育的重要内容。不同文体、媒介中的博物书写呈现独特的面貌，对不同特点的领会和运用，可使得跨媒介文化研习走向深入。

一般地，写景状物散文教学主要关注借物喻人、托物言志、情感变化、描写技巧等，虽抓住了文类的一般特点，但缺乏对作品个性的挖掘。关注文学作品中博物书写的独特性，将极大提升学生的文体意识。陆蠡《囚绿记》中的绿藤象征着抗战时期广大人民坚贞不屈的民族气节，表现了作者对光明和自由的向往；朱自清的《绿》透露出作者对生活的爱，升腾着作者向上的激情；李广田的《绿》却寓意着苍凉与寂寞。延伸至古典诗词中的"绿"，杜甫《绝句漫兴九首》借不能舒展身姿的杨柳表现自己的壮志难酬；而刘禹锡的《杨柳枝》组词则颇具民歌风味，情感丰富多样。可见作者主体情意和不同的文体选择塑造者自然万物的独特个性。

表现对象同样是藤蔓植物，BBC纪录片 *Life* 第九集《植物》中，解说者以藤蔓植物的口吻配合近焦镜头，展现植物的生命力量；植物图谱和网络上的百科词条偏重对植物形态特征、生活环境、分布范围、应用价值的客观介绍；近年多有"被爬山虎吞没的无人村"之类的新闻报道，有的旨在发出环保倡议，有的则是宣传旅游资源；而叶圣陶的《爬山虎的脚》则是一篇自然观察笔记，体现了细心观察周围事物的意识。教师在教学过程中，若能对比不同作家、文体、媒介的博物书写特点，则对学生媒介素养的提升大有益处。

5. 博物＋语言积累、梳理、探究：理解、热爱母语文化

语言的建构与运用是语文学科核心素养的基础，语文教学目标的实现都要以此为基础，并在学生个体语言经验发展中得以实现。博物学的发展经历了悠久的口头传统，语言直接反映了博物学的认识水平和发展变化，体现出生活智慧、地方风貌、精神气质。博物学相关的语言素材，充分体现了汉字、汉语的特性与情感，在语文教学中应受到重视。如《看云识天气》一文中包含多条关于天气的谚语，体现了劳动人民在生产生活中顺应自然、理解自然、把握自然的智慧，也是汉字、汉语文化精神的重要体现。教材也明确提出了练习看云识天气、发布天气预报，开展课外搜集、分类积累天气谚语的活动建议。再如，要理解纲举目张、卯不对榫、脍炙人口、运筹帷幄、中流砥柱等成语的准确含义，除了了解历史典

故之外，也需要古代手工业、建筑、饮食、数学、地理等博物学知识。可以以天文、地理、动植物、化学、物理等为视角引导学生梳理汉字起源、成语、谚语、歇后语、俗语等语言文字知识，增强学生热爱祖国语言文字的感情。

■ 三、目的与建议：直击语文学科核心素养

新一轮课程改革的重要内容便是凝练了学科核心素养，作为学科育人价值的集中体现。语文学科核心素养主要包括语言建构与运用、思维发展与提升、审美鉴赏与创造、文化传承与理解四大方面。将博物观念引入中学语文教学的目的，也是为了帮助学生在语文学习过程中逐步形成这些素养。

1. 语言：中学语文教学的基础与载体

王宁先生指出："语文课程是一门按照汉字和汉语的特点，通过学生在真实的母语运用情境中自主的语言实践活动，培养他们内在的言语经验和言语品质；同时，使他们得到思维方法和培养思维品质，养成基于正确价值观的审美情趣和文化感受能力的综合性、实践性课程。"将博物观念引入中学语文教学，是为了更好地理解和运用语言文字、解读和创作文学作品、感受科学与文化精神，让学生在具体的语言情境和文化语境中正确、有效、深刻地沟通交流。而不是像物理、化学、生物等学科贯彻的 STS 教育理念，侧重科学、技术对社会产生的正负效应，改变科学和技术分离，科学、技术和社会脱节的状态，使科学、技术更好地造福人类。

如前所述，不少文学作品蕴含着征实求真、质疑探究的科学精神，但对文章科学精神的挖掘需建立在理解语言文字的基础之上。如《石钟山记》就叙写了苏轼以梳理文献和实地考察的方式探究石钟山得名的原因，用"二重证据法"得出结论并有所感触。细读文章可以发现，苏轼虽然面对前人的记述批判质疑、详加探求，却没有通览石钟山全貌并进洞探察，因此他所得结论也并非石钟山得名的真正原因。南宋周必大、明代罗洪、清代曾国藩手下的湘军大将彭玉麟都在枯水期和落潮时进入山中洞穴一探究竟，因而曾国藩感慨："东坡叹李渤之陋而不知坡亦陋也。"

2. 思维：融入博物的致知方式

在科学哲学和博物学的框架下对语文学习内容进行重新阐发，可能会获得全新的理解与感受，由此可以极大地培养学生的审辨式思维，提升学生思维品质。

如《诗经》"六义"中的赋比兴，多被理解为铺陈、比喻和起兴的文学手法。

若从博物学这类对世界系统与过程的描述角度看《诗经》中的具体描写，或有新的认识。由赋到比到兴，对世界和过程的描写越来越复杂，比是高级的赋，兴是高级的比。赋比兴三者，表达了人认识世界的三个不同层面或阶段，即赋是较客观的刻画，比是加入主观因素的对事物共性的提取，兴则是更为复杂的主观建构。

再如教科书选录的《世说新语·言语》中《咏雪》一篇，历代评论家多赞叹谢道韫的咏絮之才，认为兄子胡儿"撒盐空中差可拟"的比喻不值一取。若结合博物学知识加以理解，则会发现"撒盐空中"的比喻颇有一番道理。在雪前或雪中，也常会飘下白色不透明小冰粒，叫作霰。唐人张若虚就用它形容过月光穿过树林的点点流光：江流宛转绕芳甸，月照花林皆似霰。空里流霜不觉飞，汀上白沙看不见。而且，胡儿在比喻时后面还有三个字"差可拟"，也就是说差不多可以用它比喻，也并不是什么十分精准的概念。回顾思考的路径，有两点十分重要。其一，二人的比喻侧重的雪的形态是不同的，兄主要根据疾风吹来的雪粒，生发联想，得出"撒盐空中"的比喻，妹则依据缓风飞扬的鹅毛飞雪有了"柳絮因风起"的妙喻。其二，二人比喻的贴切程度是有比较的，是相对而言的，从言语的措辞即可看出二人的比喻并不是孤立和绝对的，而是相对的。

3. 审美：在博物活动中自由抒写

芬兰的基础教育在OECD组织的PISA测试中整体表现一直名列前茅，其成功的重要经验就是关注自然，芬兰教育学家认为，学会在自然中生存是芬兰人的基本技能，是我们血液里的东西，需要一代一代传递。博物学来源于人们的现实生活，与百姓生活密切相关，它的门槛很低，甚至没有门槛，人人都可以尝试。在语文教学中可以适时地鼓励学生在课余阅读博物书籍，亲自参与博物活动，用文字记录和抒写自然。笔者曾推荐学生阅读《博物》杂志，学生在课外阅读时关注了杂志中的《诗词演义》栏目，在执教秦观《踏莎行》一词时，全班无一人读错"莎"字的读音，很多同学还能讲述植物特点和词牌名的起源，还有同学动手采集标本、填写一阙《踏莎行》。这正是叶圣陶先生说的："记载一件东西，叙述一件事情，发表一种意见，吐露一腔情感，都可以成为文章。把眼睛里看见的光景记下来，当然也成为文章。"还可以与生物、地理、美术教师合作设计、开展如《诗经》《楚辞》名物手工明信片制作、博物类图书阅读分享、校园物候历的编写、城市观鸟日志和乡野旅行写作分享等活动，为学生提供展示交流的机会，从而让了解博物知识、关注自然、抒写自然逐渐成为一种习惯。

4. 文化：在探究中传承与理解

法国哲学家卢梭很早就说过，对青少年而言，"问题不在于教他各种学问，而在于培养他爱好学问的兴趣"。在语文教学中引入博物观念，所采取的最主要的方式不应是教师的知识灌输或多媒体展示，而是学生通过自主、合作、探究的形式，在教师的启发和指导下，主动关注语言文字中的博物学因素，激发出各自的探究精神和写作热情。若变成独立阅读文本之前，教师的强制性知识灌输或多媒体展示，那便又成了学生额外的学习负担，甚至妨碍了学生对语言文字的想象、理解和运用能力。如针对部头较大、阅读障碍较多的经典如《红楼梦》阅读，可以启发学生关注其中的动植物意象、园林建筑布局、饮食文化等博物学因素，以激发阅读探究兴趣。引导学生从一个视角进入经典内部，感悟其宏大精巧的叙事结构、浓厚多样的社会生活气息、"百科全书式"的文化内涵。

泰戈尔亦言："教育的目的应当是向人传送生命的气息。"语文教育和博物学都具有贴近生活、包罗万象的特点和注重文字抒写的传统。把博物观念引入中学语文教学，会引导学生关注文学作品言志、载道、抒情、叙事之外活泼的生命形态、纷繁的社会变化。"一松一竹真朋友，山鸟山花好弟兄"，这种留心世界万千变化、与自然万物为友的胸怀，对人一生的全面发展、和谐生活将功莫大焉。

成都市锦江区名师工作室　蒋昕宇　杜玉

教育 APP，智慧巧课堂

教育 APP 有四大优越性：学习方法有趣、学生参与度高、学习兴趣浓、学习成本低。但最初的运用就是学习者自发的运用，即使有老师研究，也是推荐学生自主使用，没有纳入课堂教学过程。随着 APP 越来越丰富，内容越来越贴近课程内容的需求，我们有意识地将教育 APP 引进课堂，并研究怎样通过 APP 有效运用，最大限度地帮助老师教学和学生的学习。杜玉名师工作室团队在这一领域进行长期研究，下面我们将这些实践进行梳理。

■ 一、场景现场感，课堂情景化

1. 概念画板 APP，创作无极限

概念画板是美术老师在抽象画这一主题下的单元教学选择的一个 APP。它是一款为专业人士设计的实用型获奖设计软件。它的无限大的画布、基本笔刷、相应敏捷的绘图系统，还有直观了然的绘图工具，为设计者带来前所未有的自然设计体验。在美术《感受抽象画》这一主题教学中，美术老师运用概念画板，给美术创作带来无限创意。

（1）创新学习方式，自主探索。

美术老师把这个软件推荐给学生之后，学生马上就进行了自主尝试，他们会兴奋地告诉你："老师这种笔有这种效果，这个点可以有晕染效果。"特别是他们发现了色环时，情不自禁地发出惊叹，原来还可以有这么多颜色，这不仅扩展了孩子的视野，而且提高了孩子主动学习的兴趣！

（2）创新教学方式，降低技法。

美术课不是培养画家，而是培养学生美的感受，在传统的美术教学中，限于美术基本功欠缺或者工具的局限，孩子们的无限创意无法实现，有了这款软件，降低了技法上的难度，比如线条可以具有粗细，平滑度也可以调节，色彩则不需

要孩子去调色，孩子在创作中可以无数次尝试，找到心中最想要的效果，因此课中美术技法无须单独传授，而是在欣赏和实践中自然生成。

（3）创新思维方法，增强审美。

正因为它有如此强大的绘画功能，让学生的情绪、思想得到淋漓尽致的展现，超越了他们本身技法所不能达到的艺术水平，比如这种水彩画效果，学生会很有成就感，这让他觉得自己也能像大师一样去表达美，那他就更愿意去欣赏美，与画家达到共鸣，提升孩子的审美能力。孩子们通过小组讨论、欣赏作品，也许有更多新的想法感受，不受技法的限制而进行更多创作，从而提升孩子们不断思考创新的能力！

2. 库乐队 APP，欣赏创作小乐队

"GarageBand" 能够将学生的 iPad 变成一套触控乐器和功能完备的录音工作室，像演奏真实乐器一样欣赏和创作，并能即时分享，无论身处何地都能创造音乐，给学生带来现场感的真实欣赏和创作。

（1）音乐课堂资源多样性。

库乐队 APP 聚集键盘乐器、弦乐器、打击乐器等多种乐器于一体，只需要下载 APP 库乐队，动动指尖，美妙的音乐随指尖跳动，能解决课堂乐器种类不丰富、乐器携带不方便、乐器音色不统一、师生演奏乐器难度较大等问题。多样的乐器，逼真的音质，极大丰富了教育资源。

（2）音乐欣赏直观性。

有了库乐队 APP 之后，音乐欣赏由传统的单一传输变为师生间的互动参与，学生能模拟运用各种乐器，简单便捷地音乐进行演奏。既可欣赏又可即兴参与，极大提高了可观性和学生的参与度。在古筝曲《浏阳河》一课中，以前我们学习这节课大多是运用图片、音频、视频等手段来介绍古筝。运用库乐队 APP，学生可以随意自主切换到古筝模式，直观地观察古筝、认识古筝的形状，动动指尖欣赏古筝的音色、弹奏古筝主题旋律等，能与乐器近距离地接触。这样我们把对音乐的欣赏和参与融为一体。

（3）音乐创作简单性。

在课堂中使用库乐队 APP 进行音乐欣赏课教学，学生们特别喜欢，在与乐器近距离接触中表现出极高的学习兴趣。其实对于能熟练操作 APP 的学生而言，他们可以利用空余时间进行音乐的简单创作，库乐队 APP 也为音乐创作带来简单化，学生只需要将自己创作的音乐拖入创作菜单，对音乐进行可重复可撤销的自主排列组合即可，高年级的学生更是可以利用已经学习到的音乐知识和技能组建一支 3~5 种乐器配合的小规模乐队。

■ 二、科技 APP，辅助探究各不同

科学 APP 涉及的领域是最为广泛的，也是超越现实能实现功能最多的科目。一般分为 2 个类别。

第一类是辅助学科知识认知：帮助学生更生动形象地内化课堂知识，如WWF Together 用来观察不同物种，虚拟星空软件用来学习宇宙相关知识。

第二类是探究学习辅助类：增加知识与学习者的互动性，体现学生的自主性，如 Focus on earthquakes 追踪地震、Scratch 制作噪音检测仪。

下表是学校教师根据学科能力点，梳理出可以借助的 APP。

APP 类别	软件名称	软件运用	应用教学内容	核心能力的培养
学科知识认知类	LeafsnapHD	整理及新增数码媒体收藏	四年级下册《电》	思维能力
	WWF Together	运用互动式的体验接近各物种的故事	六年级上册《生物的多样性》	观察能力
	GoSkyWatchP	识别和定位恒星、行星、星座、星系等	六年级下册《宇宙》五年级下册《地球的运动》	思维能力
	Google 星空地图	观察各种星宿	五年级下册《地球的运动》	思维能力
探究学习辅助类	Focus on earthquakes	地震类科教及追踪	五年级上册《地球表面及其变化》	思维能力
	3Dbody 解剖	高精三维解剖展示	四年级上册《我们的身体》	观察能力
	Popplet lite	思维导图训练	3～6 年级	思维能力
	Scratch	制作噪音检测仪	四年级上册《声音》	实践能力

1. 学科知识认知类的软件使用，使课堂教学更生动，增强教学效果

六年级下册《宇宙》单元主要围绕月球的探究、星空的探究、太阳系的探究和无限宇宙的认识四个大主题进行，但核心活动都存在着一个大问题，就是学生缺少这方面的认识和观察，无法直观地获取表象内容。在这两个单元中我采用了虚拟星空软件，起到了很大作用，解决了很多问题。虚拟学习环境，让学生由远及近观察月球，有效地把人类认识月球的过程展示出来，看到月球的基本情况；

直观地看到各行星的特点，丰富学生对太阳系家族成员的认识；尝试在繁星中寻找北斗七星、北极星，以及需要在各个季节认识的星座。还可以将事物漫长的演化过程加以浓缩，如看到一个月中月相的变化、初步感受到月相成因，观察日食和月食形成过程、认识月食和日食成因。虚拟软件的介入，通过虚拟事物发生、发展的变化过程创设问题情境，紧紧抓住学生的注意力，激发学生的探究兴趣，增强教学效果，让学生能够更好地进行课堂观察活动，对课堂所研究的问题理解速度更快，印象更深刻，可以帮助学生更生动形象地内化课堂知识，培养学生的探究能力和创新能力。

2. 探究学习辅助类的软件使用，使能力培养更全面

在平时的课堂中，我们不仅使用了学科知识认知类的软件，还使用了探究学习辅助类的软件。

例如，思维导图的运用，使知识点更连贯，更具逻辑性。在学习《让学校更美——声音篇》一节时，利用 Popplet Lite 软件，用思维导图的方式帮小朋友有效回忆关于噪音的知识。这个图式可以清晰地展示噪音的特性，让学生一目了然，同时有助于对学生思维能力的训练。

在学习《噪音》这节课时，可以利用 Scratch 软件，让学生自己设计制作噪音检测仪，并测试校园内的声音，培养学生的动手能力、科学思维，激发科学情感，以及彰显科学实验的重要地位和软件在科学教学中的实用性。

在教学过程中加入 APP 的使用，使科学课堂更形象生动、富有感染力，学生对科学探究更有兴趣了，课堂参与度更高了；还可以增强教学效果，让学生自己去研究探索，学生通过动手、动脑想方法，解决实际问题，培养学生的逻辑思维能力、想象能力、创造能力；最值得高兴的是他们的理解能力和操作能力得到了提升。

■ 三、个性化定制，课堂无边界

每个孩子都是独立的个体、鲜活的生命，他们都有不同的学习需要，如何更好地满足孩子个性化的学习，做到个性化的学习定制呢？很多学科 APP 更多地实现了课堂无边界。在满足个性化学习的同时，极大调动了学生自主学习的积极性。

1. 英语学科

英语学科 APP 的介入为我们很好地解决了这一难题。由于英语语言学科的

特殊性，需要学生在课后进行大量的听读；而传统的听磁带读书的方式，显得枯燥且效率低下。虽然点读机解决了学生听读的效率问题，但是老师根本无法监督学生的课后听读作业。不能准确地了解学生情况，无法实现个性化辅导。

（1）"一起作业 APP"落实学生基础听说作业。

学生借助"一起作业 APP"，自主听音朗读故事。每个孩子可以根据自己的学习情况，对于自己不会读或者读得不流利的句子可以多次听读，根据自己掌握的情况反复点读，直至完全掌握，提高教学效率。该软件使听说训练个性化，有针对性，提高学生听说水平。教师在该软件上发布练习题，学生完成后可以立即生成数据，统计学生的正确率。这是传统课堂完全无法比拟的功能。教师能在第一时间反馈掌握学生的作业情况。对于错误率较高的知识点可以进行再讲解，再练习。对于个别孩子的错误，老师也可以有针对性地进行辅导。不仅减轻了老师的负担，而且满足学生的个性化需求，让学生真正地得到一对一的学习帮助。

（2）"酷听说 APP"提高学生分层阅读能力。

语言教学离不开阅读，而外语阅读的选择更是老师和家长的痛点，非母语国家学生外语水平更是千差万别，那么怎样选择适合自己学生和孩子的阅读材料是大家头疼的问题："如何为孩子选择绘本？哪些绘本适合自己孩子的英语水平?"该软件很好地解决了这一个性化的需求。它根据孩子的英语学习水平，提供了大量的免费原版英语分级阅读绘本，每个绘本故事都配有原本录音。不仅能很好地扩充孩子们的英语阅读量，而且让孩子们随时随地都能接触到原汁原味的英语。

（3）"30 秒 APP"拓展学生语言运用能力。

"Tellagami"是一款 30 秒计时创作软件，在这个 APP 中，学生可以自主设定背景图片，选择人物造型，然后进行人物表达录音。自动生成小视频，这样的录音作业不仅有趣，而且会给学生带来成就感！

这三个 APP，将语言学习的听说、阅读、表达三个关键点有趣味、有层次、有效率地整合。学习也可以随时随地地发生。

2. 语文学科

语文学科中我们也选择和尝试了基于学科知识和学科素养两方面的 APP 帮助实现语文学习个性化学习和数据管理。

利用"书法 APP"解决教学难点。小学低段语文教学的难点是写字教学，学生写字的笔顺没办法——了解，怎么办？"练书法"这个 APP 便能解决我们的这些顾虑，学生通过书写，自动生成视频，再现笔画笔顺，老师同学一目了然。老师通过课前了解学生的笔顺错误点后再进行有针对性的指导，就不需平均着力进行教学，让课堂提速。例如，孩子在前期书写"出"字的时候，就是先写的中间那一竖。这是不符合书写规律的，所以我们会集中解决这个难点，但也不排除仍然有孩子在课堂中仍未掌握，老师就会这个正确的书写视频发布至平台，孩子在家还可以再现课堂，这样的学习就超越了时空，超越了地域。

利用"讲故事魔法 APP"提升学科素养。一二年级的时候，学生的书写能力较弱，但这个学段的学生的想象力是最为丰富的，怎样将他想到的充分地表达出来？于是，我们想到了借助于 PuppetPals 这款简易的电影制作软件，真正实现了我手写我心。例如，低年级学生的作品中，通过人物、背景、语音，生成了一个生动的小故事，充分训练了学生的口头表达能力，孩子们可不是一次完成，他们会自主反复修改，反复练读，力求做到最好才将作品上传。学生自从用了这款 APP 之后能大胆说话，现在二年级学生都能说到两百字左右的作文。其实这一过程就是在训练学生的语文学习能力。

利用"乐乐课堂 APP"增加学科文化积淀。其实适用于语文的 APP 还有很多，自主学习的"天天练"，自动生成评价的"一起作业吧"，有针对性错题集生成的"纳米盒子"，用编程来生成动画"Scratch"和基于课堂管理的"全景平台"。这一切的选择都是立足于培养学生的核心素养，致力于实现学生的终身发展。平台也实现了即时的数据收集记载和反馈。

3. 数学学科

在数学学科中，我们对一些特殊课型运用了普及型的 APP，如"Poppulet 思维导图 APP"，它秉承极简的设计原则，没有繁琐的操作和复杂的界面，在这里可以轻松构思和扩展想法。

教师们在实践探索中，发现在复习课这一容量大、学生差异较大、教师难把握课型中，思维套图 APP 对学生帮助很大，并初探出 APP 介入教学中的模式。

（1）预习整理，前置思考。

课前使用到的是"Poppulet 思维导图 APP"，教师通过发布课前作业，让学生经历自主整理复习→使用 Poppulet 初步构建知识网络→分享—点赞评价并提出自己疑问的过程。这个 APP 促进了课前学生个性化自主学习，对教师而言，这是分析学情最好的一种方式，课前就对学生存在的问题有了一个前期调查，使学情分析更加贴切真实情况。

（2）思维碰撞，深化理解。

课中，教师针对学生已有的整理情况，通过集体分享好的案例，让学生对之前的整理进行二次加工，分析优点的具体体现，同时完善补充，比如对计算例题的补充、易错题的补充等，最后形成一张相对完整的思维导图，学生在原有作品中进行修改。在这个过程中思维导图不仅帮助学生将学科冗杂的单元知识点进行了梳理和归纳，完成了复习课的知识目标，而且让学生通过与老师和同学的对话，反思自我，质疑同学，提出疑问，交流解惑，逐步总结出复习的方法：首先按课题内容整理，然后总结相同点即知识的联系，最后整理本单元的易错知识和改进方法。在体现数学知识间的逻辑层次的同时，使质疑、反思等高阶思维可视化，并且可以反复观看、留存，教会学生学会学习，做到既授之以鱼，又授之以渔。

（3）巩固应用，拓展延伸。

课后的学习中，针对本单元出现的错误，学生可以在思维导图中找到对应的知识点，或复习，或进行个性化的补充。

通观整个复习课程，学生在分析、分享、完善的过程中，进行反思、批判、质疑，高阶思维得到了很好的发展。要知道，传统课堂要完成这些步骤，是绝不可能在一节课中完成的，传统的纸质思维导图必须是一次性完成，修改不便，学生操作难度很高。思维导图 APP 能够任意地拖动、修改、完善，操作十分方便，学生趣味十分浓厚，很好地为学生的个性学和教师的精准教提供了平台空间和素材资源。

还有一款具有学科特色的"数理画"APP 可以帮助学生更好地理解和掌握几何、数学等学科的知识，并不断地提供内容更新，以及跟踪学生的学习过程，帮助学生提升学习能力。这是一款很好的数学应用 APP，目前正在实践和运用中。很多学校运用中已经很有心得，这里就不一一赘述。

数字化环境下借助优质的 APP 辅助学生学习，兼顾了学习的学科性和学习的趣味性，促进了教育资源的整合，而且其个性化的辅助教学功能给学生的学习带来了积极的影响与改变，调动学生的参与热情，提升学生的学习主动性，让课堂无边界。

综上所述，我们工作室老师借助 APP 在教学中有了很多实践，也从中甄别出不同 APP 的优劣，取长补短，并将相关使用的改进意见反馈，为进一步完善APP 提出相应的建议，共同为教师和学生提供更优化的产品服务。

杜玉名师工作室团队　童琳　杜玉

学科稿件提供：刘智勇　斯瑶　田圆　杜伯霜　邓晓璐　刘磊　谭坤银

人本主义视角下的人工智能课程建设与实践

人工智能是当今教育创新发展的重要推动力。我们认为，坚持"以人为本"是规范人工智能融入教育并促进其长足发展的基础。这也是我校人工智能课程建设与实践的核心："目中有人"和"始终为人"。

■ 一、发现真实需求，升级学科课程内容

对于学校信息技术学科课程内容，家长的需求是怎样的？

本次调查收到有效反馈 742 份。

60.59％的家长希望一年级开始开展计算机普及教育。

放眼未来，您希望孩子掌握哪方面的信息技术？思维能力？对于这个问题的回答。高频词：思维能力、人工智能、创新、逻辑思维、编程。

学生需要怎样的信息技术课程？

通过调查，我们了解到学生对课程内容的需求丰富：编程、我的世界、传感、蓝牙、APP 设计制作……

但是，我们现有的信息技术教材是很传统的电脑基础应用技能。

所以，信息技术课程建设需要顺应时代发展，面向学生的需求融入人工智能内容，不断迭代升级。

■ 二、面向核心素养，重构人工智能课程

核心素养是指一个人应该具备的，能够适应终身发展和社会发展需要的必备品格和关键能力。这也是人本主义强调的自我实现的的基石。

在当前义务阶段信息技术课程标准尚未发布的情况下。我们把目光投向《普

通高中信息技术课程标准》。标准提出：信息技术学科核心素养由信息意识、计算思维、数字化学习与创新、信息社会责任四个核心要素组成。它是学生在接受信息技术教育过程中逐步形成的信息技术知识与技能、过程与方法、情感态度与价值观等方面的综合表现。我们认为，信息技术学科核心素养的培养绝不是从高中才开始，而是应该从小培养。

为此，我们设计构建出了面向核心素养的人工智能课程框架与结构，在实践中逐步形成了基础课程、支撑课程、发展课程协同推进的人工智能课程内容。

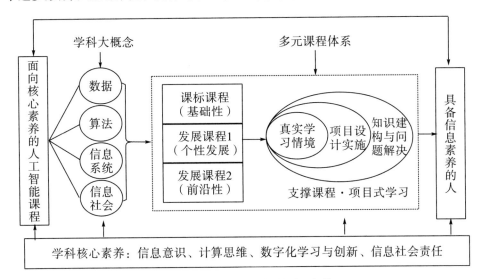

面向核心素养的人工智能课程架构

基础课程：基础课程指的每个学生按照年级对应的课程内容。主要包括信息技术教材、图形化编程、Python。这是人人必须掌握的基础学科内容。

同时，学科素养遵循从未知到已知、从知道到掌握、从理解到应用的认知规律，按照年级落实。

支撑课程：项目式学习的内容，包括学科内项目以及跨学科项目。

关注家人身体健康的项目"为父母设计健身器材"，关注学生在校园生活得更愉快的项目"未来校园"，关注解决社区停车难问题的项目"共享社区分享生活"，关注解决疫情期间病毒传播社会问题的项目"共享单车消毒器"。

系列化的支撑课程，通过与现实相结合的实践方式，使学生更有效率地掌握学科知识，综合应用知识解决问题，并在此过程中培养学生的社会责任感，实现自我的成长。

发展课程：在数字化时代，学生会提出更多个性化的学习需求。面向未来，我们以学生为中心，开发了两个方面的发展课程：一是以多种工具为载体的创客课程，二是"C++"编程课程。

发展课程的实施让学校涌现出了一大批有科创潜力的孩子，先后获得国内国际大奖。

乐高机器人课程成绩：在参加 2019 年 12 月在深圳举办的"第四届 STEM 教育与项目式学习国际学术研讨会"StarT 中国区项目展示后，以现场评价高分从全国近 70 支项目参赛队中脱颖而出，获得 2019 年 StarT 中国区"最佳实践类"项目一等奖。受邀参加芬兰 2020 年国际 LUMA StarT 国际研讨。

发展课程高质量的实施，让科技苗子了解自我，明晰学习目标，拥有学习动力。更重要的是始于兴趣，指向未来。不断为国家科技强国发现人才，培养人才。

■ 三、课程动态开放，造就终身学习者

随着人工智能技术与教育的深度融合，人们正进入一个泛在学习的时代。成师附小在人工智能课程中运用公众平台、专业平台、开源代码自行架设平台，支持学生根据自我学习需求和学习伙伴互联互通、自由转换不同学习方式，形成了不同特色的学习共同体。

面向基础课程，学校采用微信公众平台。

例如，"少年创客学院"定期发布主题活动，激发学生在家完成挑战，提升自我学习效能。

面向支撑课程，学校采用专业平台，例如学校建设的智慧农场——慧农物联网平台。借助多种传感器采集数据，对大棚里的农作物进行监视，了解他们的生长状况，自动化控温、控水。借助智慧农场项目，孩子们学习技术，为了解决家庭种植植物不成功的问题。开展了"我的智慧花盆"项目。

面向发展课程，学校采用开源代码自行架设平台。比如发展课程"C++"学习，学校在线学习平台实现了在线提交作业、计算机自动评判、成绩英雄榜，为学生泛在学习提供了有力的技术支持。

■ 四、培养高阶思维，提升人工智能教育水平

"学习的本质"应是促进学生深度思考，发展多种思维，培养问题解决能力。学校借助课题，理论指导实践，研究出常规课堂与项目教学中发展高阶思维的

模式。

常规课堂我们以计算思维为理论背景，研究出了提升学生高阶思维的一般教学模式。

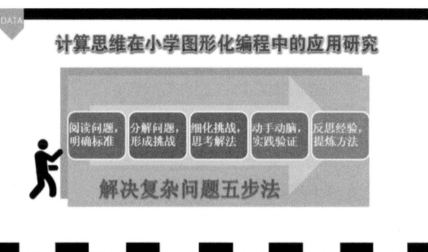

我们来听听学生的理解与应用。

在项目教学中，我们根据斯坦福大学设计学院提出的经典设计思维模型，结合高阶思维的培养，我们将基于设计思维的项目式学习过程划分为"理解挑战、组建团队—调查采访、聚焦问题—头脑风暴、聚合思维—设计方案、优化选择—跨界学习、制作模型—产品发布、分享改进"六个基本环节，构建出基于设计思维的人工智能学习模型。

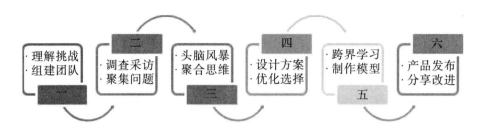

　　与此同时，我们梳理归纳出了每个环节提升学习者学习成效的相应实施策略与十三大高阶思维学习支架，有效促进了学习者的协作与反思，更高效地达成深度学习中高阶思维培养。

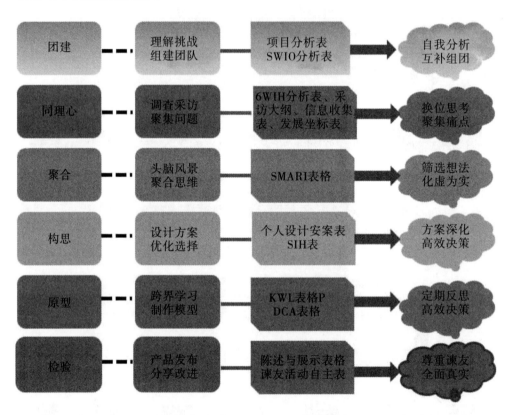

　　借助学习支架，每个小组避开无效争论，冷静地分析、客观地评价，最终形成有价值的创意。高阶思维、团队协作能力得到同步提升。

　　"目中有人"和"始终为人"，这是学校人工智能教育课程建设与实施的初心，更是我们不懈追求的目标！

成都市锦江区名师工作室　刘智勇

张个性之力 育时代英才

——基于 iPad 教学促进学生数学个性化学习的研究案例

随着网络的兴起和新媒体的诞生，社会信息量空前爆发，网络改变着人们生活的方方面面，当然也包括教育，各种新媒体技术在教育中的应用成为必然。基于这样的背景，成师附小开始着手基于网络和新媒体技术的一对一个性化教育的研究，同时也加入成都市教科院"一对一教与学研究"的研究课题中，探索出了基于 iPad，借力"全景课堂"教学平台，使用多元 APP 促进学生数学个性化学习的基本流程和模式。

■ 一、缘起

在教育教学改革的进程中，学校一直在思考以下几个问题：如何立足儿童的兴趣与个性，培养学生的数学思维能力、反思与质疑的能力？如何对接未来的课堂？思考中发现 TechEDGE 项目成都市教科院"一对一教与学研究"这个项目与学校的思考非常契合：一是使用 iPad 教学，将技术融入数学个性化教育，为一对一个性化教育提供了可能；二是在课题研究的指引下，教师的职业专业化发展有了支撑；三是学生解决问题的思维方式个性化的培养有了途径。

■ 二、叩问

基于以上思考，学校于 2013 年底设计并准备开发 iPad 一对一课程，前期在杜玉名师工作室的带领下，借力 TechEDGE 项目一对一课题研究。学校进行了家长动员、硬件筹备、教师理论培训等工作，并决定于 2014 年初正式在一年级三班开展 iPad 一对一课堂教学的试点研究。研究的过程，对教师的数学课堂是一个挑战。

1. 学生

相比硬件设施的准备，软件资源的建设则是困难重重、问题不断。研究之初，教师面临由于学生年龄太小导致的以下问题：

（1）iPad 各项功能使用不熟。

（2）iPad 课堂常规不规范，课后游戏等。学生 iPad 管理风险较大。

（3）学生书面能力训练不足。

2. 教师

（1）定位不清，与传统课程冲突明显。开展研究之初，教师在思想上对课程的工具——iPad 的认识与定位发生了分歧，是作为教学的辅助工具，还是作为课程设计的主体，老师们进行了激烈的讨论。

（2）平台不定，增加设计难度。教师们所面临的最大问题是课程设计平台的缺失，起初教师只能借助苹果公司所提供的各种免费教育软件，如 Educration、Classdojo、Teach、数学大王、数学游戏等软件，软件不统一、不确定导致学生、教师对软件的适应时间比较长，对软件的使用方法不明确，家长的辅导难度很大，软件对网络质量要求很高。软件的不足严重地制约了教师课程的设计和开发。

（3）评价烦琐，教师负担增加。与预期减轻教师课业负担，减负提质的设想有较大的出入，由于没有系统平台的支持，教师在媒体上对学生的评价工作量空前增加，且时效性不强，导致教师的总工作量空前增加。

3. 家长

各种软件的使用，对大部分家长来说是一件困难的事情，耗时、费力，部分家长反映学生在家作业时间过长，作业辅导难度很大，进而导致部分家长对设置课程不理解，以至于怀疑课程的合理性和必要性。

■　三、旁落

面对如此多的问题，教师采取了以下行动、取得了良好效果。

1. 动员家长，理解数学个性化的内涵

在课程开始之初，在班主任的帮助下召开全体家长会，分享、介绍课程的设计理念，设计内容，实施方式，作业评价……让家长从内心接受课程的开展。对于仍然心存疑虑的家长，召开个别家长会，针对家长关心的眼睛近视、平板管理等内容予以交流和解决。同时，课题组教师在交流讨论中，进一步明确了 iPad

作为实现一对一个性化教学的辅助工具的定位。

2. 制定规则，把握数学个性化的缰绳

针对学生平板管理与使用不规范的问题，教师与学生共同建立了《班级公约》《iPad 使用规则》《iPad 儿歌》等。通过规则的制定、班级的舆论、家长的监督，严格规范学生的行为。

3. 设计框架，探索数学个性化的生长点

在本校同仁的共研中，教师与学生逐步明晰了传统数学课程与个性化一对一教学的契合点。

计算课型：iPad 能够帮助学生对算理理解更加明晰。

概念课型：通过 iPad 上人机深度对话、生生深度对话、师生深度对话，让学生对概念的理解更加深刻。

解决问题课型：在基本问题基础上，iPad 可以收集学生的个性化问题，或者学生通过网络收集相关问题，寻找解决问题的策略，让解决问题内容和策略能够在广度上有所拓展延伸。

综合实践课型：学生能够进行大量的操作活动，iPad 能够在操作活动中体现学生在某一问题上的思考与尝试，也就实现了学生思维的灵活与个性化的发展。

4. 借助平台，站稳数学个性化的落脚点

这里的平台指的是全景课堂平台，是一个以学生为中心，在校园无线网络和移动终端的支撑下，创建一种智能的全媒体互动、分享、交流的教学模式，颠覆传统课堂"填鸭式"的教授方式，并可以灵活地拓展到校外、家庭、社区等各个层面，完全贯穿学生课内与课外各大应用场景，全面覆盖各种教学活动与各类环境的综合性教育平台。其特点是以能力培养为导向，让学生养成带着问题学习的习惯，逐渐形成主动思考并能独立或协力解决问题的能力，同时鼓励学生分享，最终让每个学生真正理解每一个知识。这和学校的一对一个性教育不谋而合。基于这个平台，笔者做了如下工作。

（1）统一备课，奠基个性化。

全景课堂同时兼顾 Web 端和移动端的备课同步。解决了软件繁杂给备课带来的冗长与不便，实现了课件、游戏、试卷的同时编辑，为学生的个性化学习提供了丰富的素材保障。同时，一位教师的备课还可以与同组的其他老师分享，实现共享备课和课程共享。

（2）创新流程，助力个性化。

基于全景课堂的备课平台，我们将上课流程分为三个步骤：任务前置，互动提升，理解重构。

任务前置：教师在上课前将每个环节的学习内容以任务形式提前告知学生。例如，搭配中的学问一课中，教师将需要搭配的问题提前布置给学生，他们可以通过教师提供的素材进行前置的预习。

互动提升：课中进行深度互动，思维碰撞，从而渐次推进学生批判性思考，让问题解决能力得到整体提升。课中，学生将学习中的困惑和不解带入课堂。以小组交流和教师点拨的方式，在思维不断碰撞中，完成对知识的掌握。同时在不断地评价中获得收益、发现问题并进行修正。

理解重构：课后享受式提升，学生结合课堂交流与反思，进行作品修改，再上传至学习平台，接受父母、朋友、社会的评价。这种学习方式拓展了学习的时间与空间，使学生体会到了成就感和幸福感。

（3）多元评价，展现个性化。

在课题组专家的指导下我们初步建立了科学量化评估体系。它具有三个特点：

一是重终生学力的评价，如在计算应用题评估指导任务卡中，以往评价主要是准确、迅速等，而本项目组的评估主要是多样性、创造性、逻辑性方面的评价。

二是重可视化思维的评价，针对低段学生的思维特点，课堂中教师将学习任务布置后，学生能够将思维过程展现在平台中，而教师和学生的评价则着力于对同学思考过程的评价。

三是重多元多维评价，评价形式上除了传统的课件，还能通过游戏当堂完成课程测试，减轻教师评价负担的同时，评价更有效。评价的主体也不再是老师一个人说了算了，家长、伙伴都会在学生学习的过程中参与评价，并提出改进建议。

■　四、收获

以三年级《乘法复习》一课为例，思维导图的 APP 在教师教和学生个性化的学中都起到的重要作用。

1. 预习整理，前置思考

本节课中，教师主要使用到的是 Poppulet 思维导图 APP，教师通过发布课前作业，让学生经历自主整理复习→使用 Poppulet 初步构建知识网络→分享→点赞评价并提出自己疑问的过程，促进了课前学生个性化自主学习。对教师而言，这是分析学情最好的一种方式，课前就对学生存在的问题有了一个前期调查，使学情分析更加真实准确。

2. 思维碰撞　深化理解

课中，教师针对学生已有的整理情况，通过集体分享好的案例，让学生对之前的整理进行二次加工，分析优点的具体体现，同时完善补充，比如对计算例题的补充、易错题的补充等，最后形成一张相对完整的思维导图。在这个过程中，思维导图不仅帮助学生将学科冗杂的单元知识点进行了梳理和归纳，完成了复习课的知识目标，更使学生通过与老师和同学的对话，反思自我，质疑同学，提出疑问，交流解惑，逐步总结出复习的方法：先按课题内容整理，再总结相同点即知识的联系，最后整理本单元的易错知识和改进方法。在体现数学知识间的逻辑层次的同时，使质疑、反思等高阶思维可视化，并且可以反复观看，留存，教会学生学会学习，做到既授之以鱼，又授之以渔。

3. 巩固应用　拓展延伸

课后的学习中，针对本单元出现的错误，学生可以在思维导图中找到对应的知识点，或复习，或进行个性化的补充。

通观整个复习课程，学生在分析、分享、完善的过程中，进行反思、批判、质疑，高阶思维得到了很好的发展。要知道，传统课堂要完成这些步骤，是不可能在一节课中完成的，传统的纸质思维导图必须是一次性完成，修改十分不便，学生操作难度很高。思维导图 APP 能够任意拖动、修改、完善，操作方便，学生对该软件趣味浓厚。为该软件为学生的个性学和教师的精准教提供了平台空间和素材资源。

成都市锦江区名师工作室　谭坤银

让学生慢慢感悟"数形结合"之妙

——《图形中的规律》教学思考

数形结合思想指的是利用数和形这两者间的对应关系相互转化来分析解决问题的思想方法，它是小学阶段基本数学思想方法之一。巧妙运用数形结合能够更好地简化数学问题，解决数学问题，并有助于培养小学生良好的数学思维习惯。因此，在小学数学课堂中渗入数形结合思想有着重要的现实意义。本文将结合《图形中的规律》对如何在小学数学课堂里渗入数形结合思想进行分析和探讨。

■ 一、在有层次的操作活动中加强数形结合意识，提升解决问题的能力

小学阶段习得的数学思想方法对初中、高中解决数学问题，以及对生活中解决实际问题有着极为重要的帮助。因此，老师应多给学生创造操作机会，有层次地安排操作活动，让学生更好地理解数形结合思想，逐步提升小学生分析问题、解决问题的能力。

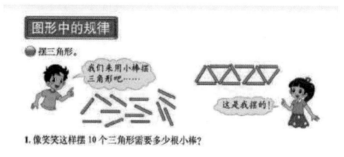

例如，在《图形中的规律》这一课中，第一个活动是摆三角形，问像笑笑那样摆 10 个三角形需要多少根小棒。有不少老师会觉得准备小棒比较麻烦，省去学生操作的环节，直接请学生借助推理解决。这样就遇到阻碍，即使听见少量学

优生结合算式的计算推理讲解，他们也很难参与。教师如果在教学设计中加入学生操作环节，就很容易理解这个问题，会有高的参与度。

教学设计（活动一）

环节一：摆2个三角形。

师问：大家看黑板，老师摆一个三角形用了三根小棒，那两个三角形呢？你能摆一摆吗？

追问1：第二种摆法（有公用边的）为什么会少一根？

追问2：按照这样的摆法，摆3个三角形需要几根小棒？4个呢？

环节二：摆10个三角形。

师问：那这样摆10个三角形呢？请在小组内完成。

动力导航：

任务：摆10个三角形需要的小棒根数。

要求：

1. 根据个人需要可以借助小棒摆一摆、填一填、算一算解决任务，并填写表格；

2. 仔细观察表中的图形和数据，思考有什么发现。

3. 请在小组内说说自己的发现以及如何解决这个问题的。

环节三：结合摆三角形的过程进行小组汇报。

学生汇报结合操作讲解三种方法：$10 \times 2 + 1$　　$9 \times 2 + 3$　　$10 \times 3 - 9$

追问1：怎么想的？结合摆三角形讲一讲。

生答1：先摆1根，每次只要增加2根，就得到一个三角形，所以是10个2再加1.

生答2：第一个三角形先用3根，然后再摆2根就能得到一个新的三角形，所以是9个2再加3.

生答3：像第一个三角形一样摆3根，后面的三角形，每个再去掉1个公共边，这样就10个3减去9根。

实际教学时加入了三次操作活动，第一次是摆两个三角形，对比理解公共边；第二次摆10个三角形，独立尝试解决问题；第三次是指着图形解释算式，建立数形的联系。当学生结合实物经历操作环节后，便能充分感受到图形中蕴含的规律，能指着图解释不同算式中是加1加2以及减9的实际意义。当学生可以独立解释算式意义或者用算式表示规律的时候，那么他们就能比较充分地感受数与形结合的优势，便能逐步提高用数形结合的方法解决实际问题的意识和能力。

■ 二、在有方法的观察活动中感受数形结合的巧妙

教师在讲解复杂数量关系时都愿意借助图形来理解。然而由于"形"的生动有趣与直观形象，使得学生容易将注意力放置在完成图形的操作演示上，忽视了"数"。因此，教师引导学生观察图形时，应该给予一定的方法指导。

例如，在《图形中的规律》这一课的第二个活动中，学生直观看到的是一个个正方形点阵，比较容易想到正方形面积是边长乘边长，所以绝大部分同学找到数的规律也是 $1×1$，$2×2$，$3×3$……那么这个时候需要教师提供给学生一定的方法，让学生有方法的进行观察，感受数形结合的巧妙。

教学设计（活动二）：

师：$1×1$，$2×2$，$3×3$ 是怎么观察的呢？

生：看成正方形，横看、竖看都是 2 个或者 3 个。

师：除了横看和竖看，你能换个角度观察，找到不同的规律？

生：可以斜着看，还可以拐弯看，又可以找到不同的规律，不同的算式。

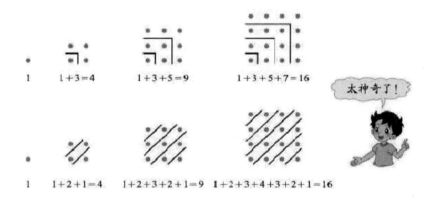

除了常规的横看、竖看，教师引导学生可以斜看和拐弯看。当学生明确观察方法后，更容易发现观察角度不同，图形中蕴藏数的规律也可能不同，在交流讨论充分感受数形结合的巧妙和神奇。

■ 三、在有设计的追问中打通数形结合的障碍

数形结合的应用并不是一蹴而就的过程。小学生在使用数形结合方法时，经常出现"结而不合"的现象。那么教师就需要在课堂上有目的地进行追问，打通学生的"结而不合"思维障碍，帮助学生养成良好的数形结合思维习惯。让学生不仅根据图形探寻数的规律，同样学会从数的规律去探寻图形排列的规律，进一步体会数形结合的紧密，数形结合之美妙。

例如，在《图形中的规律》这一课的两个操作环节中，学生学会用 3 个不同的算式表示数的规律后，教师可以设计追问"同样一个图形，为什么会有不同的算式?"学生就需要反过来思考是因为"从不同角度观察，看到了不同的规律"，所以就可以用不同的数（算式）表示规律。

在第二个活动学生可以用算式表示点阵图的规律后，教师可以设计追问"你会用今天学过的方法来计算 $1+3+5+7+9=?$"学生就会思考今天是用"数形结合"的方法解决问题，那能不能将这列数还原成图呢? 有学生很快就想到可以用拐弯看的方法，将算式还原成一个 $4×4$ 的点阵图，快速计算出结果。我们发现，如果教学设计中少了这两个追问，那么学生的思维方式很有可能就停留在从图形到数的思维层次上。当我们加入这样的追问，学生就需要思考数的规律怎么来的，学会从数出发去挖掘图形排列规律的思维习惯。当学生学会这样逆向思考后，应用数形结合的思维有质的飞跃，如此便可打通数形结合顺向和逆向思维的障碍。

总而言之，数学教师需要有意识地通过有层次的操作活动、有方法的观察活动，以及有设计的追问去最大限度地将数形结合思想渗入到小学数学课堂中。让学生慢慢体会数形结合的巧妙，并将数形结合之美妙植于学生内心深处，养成良好的数形结合的思维。

成都市锦江区名师工作室　高大宝

依托技术转型的课堂教学模式最初是在语文课堂中实施。人手一个移动终端，实现语文教学过程的流程再造，全员分享、全员反馈、互动评价成为新课程的常态。教师根据目标确定教学任务，学生自主先学，分享学习成果，教师了解真实学情，小伙伴相互浏览，课堂教学针对性极强。教师在课堂上展示、纠错、提升，实现翻转课堂高效提升教学目标功能。这样的新型教学模式不仅培养学生自主学习能力，养成伙伴互学的习惯，而且养成运用互联网工具搜索信息、筛选整理、创造知识的计算机思维习惯，为后续跨学科和项目化学习奠定良好的运用工具支持自主学习的基础。

语文——全国赛课获奖案例

形声字识字案例——iPad 识字

"新媒体新技术教学应用研讨会暨全国中小学互动课堂教学实践观摩活动"教学设计

学校	四川省成都师范附属小学万科分校		
课题	形声字	教师姓名	杜玉
学科（版本）	北师大版与人教版识字内容整合	章节	
学时	一课时	年级	一年级
教学目标	1. 通过 iPad 软件，找到生活中与汉字有关的情景，并记录情景，通过儿歌或相应关联，了解形声字相关特点，进而感受形声字演变。用喜欢的小软件制作出来，帮助识字，从中了解形声字的相关特点。 2. 通过小组合作，重现情景，增加学生之间的交流。通过互相帮助、互相启发，完成社会化学习体会，最终达到扩大识字量的目标。同时帮助学生感受学习方式和学习习惯的变化。 3. 在课堂交流中鼓励学生沟通、交流、展示想法，学习使用多种方式和媒介向别人请教。实现学生思维的碰撞和提升（课堂尝试 FaceTime），最终解决学习、生活中存在的问题。 4. 通过互联网或其他媒介学习信息收集。学会关键字搜索信息。		
解决教学重点难点的措施	重点：在生活中学习汉字，能够通过 iPad 的功能呈现汉字运用。 难点：怎样通过 iPad 实现学习方式的改变与课堂需知识的掌握。基于学生年龄特点，交流易偏离主题。		
学习者分析	小学生一年级下期刚开设 iPad 课程，寒假完成相应的 iPad 准备课程，学生识字量较大，学习能力较强。但是由于年龄小，软件全是英文，加上学习者没有收集资源的和成为主体的经验，给学生者造成一定困扰。 由于这个课程得到 TechEDGE 项目教授和博士研究生郭际的在线辅导和最前沿的教育引领，所以学生在寒假能快速学会 iPad 相应的学习软件。		

教学环节	活动目标	教学内容	活动设计	媒体功能应用及分析
学生作品展示	交流前置作品实现交互	形声字与生活的联系：青、苗、方、令、采、包、当、同、皮。	分小组展示，随机选择2组。同学互评，找出优秀的作品展示。	随机推送学生的作品（15分钟）
教师点评引领话题	归纳、总结、提升，关键词搜索	学生展示相关作品。形声字，有规律，掌握特点辨仔细，声旁用来标读音，形旁大多表字义。关键词搜索的结果。	学生从交流中向别人学习感知关键词搜索带来的便捷	Padlat共享版上交流（5分钟）
小测试	学生识字达标	形声字小测试	学生在小软件上答题	教师管理软件（5分钟）
课堂学习方式指导	明确小组合作的方式。	微课展示	学生交流感受，提出自己的意见	视频播放5分钟（课前完成）
5人小组合作、交流前置小软件视频，学会小组成员认识的字	认读9个字引出的相关形声字。	青、苗、方、令、采、包、当、同、皮相关的形声字，以主体字为中心的五组字。	学生小组交流学习视频	Padlat总结合作方法（5分钟）
从学生作品中寻找能深化和丰富形声字的作品，深入学习	文中形声字扩展	预测相关的形声字儿歌或谜语（附后）	儿歌式谜语推送给学生。学生自读选择教读，按方法进行小组交流、学习	Apple的互相交流（10分钟）
展示	形声字儿歌	汇报所学	学生汇报：我喜欢那首儿歌，为什么？	（5分钟）
联系课文自由选择	在所有文字中学会筛选信息	语文书中的字	找形声字	学生写或拍出形声字。在Facetime解决交流中遇到的困难和疑问。（5分钟）

"新媒体新技术教学应用研讨会暨全国中小学互动课堂教学实践观摩活动"教学反思

学校	四川省成都师范附属小学成科分校		
课名	形声字识字	教师	杜玉
学科	语文	年级	一年级

1. 应用了新媒体和新技术（如交互式电子白板或平板电脑）的哪些功能，效果如何？

iPad 的小软件

（1）FaceTime（平板内置即时通话工具）：学会遇到问题利用工具向高手请教。

（2）Noteledgefree（多媒体笔记本）：可以方便学生制作文字、视频或图片、录音等图文并茂的数字故事。

（3）iMovie（影视制作）：学生通过生活素材收集资料，制作形声字的小影片。

（4）Teach（白板软件的功能，）：此软件可以轻松插入或删除视频、图片、录音。并可直接录制书写，主要用于完成形声字制作。

（5）Puppet pal HD（舞台表演软件）：学生根据自己收集的材料制作数字故事，把形声字融入故事中，让形声字的识读更加生动有趣。

（6）Educreations（简易交式白板软件）可以快速制作小视频，微课形声字，并可及时分享。

制作形声字。

（7）练书法 Lit：重现书写过程，便于教师指导书写，同伴互相学习评价。

以上是学生自主选择喜欢的小软件制作丰富的形声字作品。

Socrative student（习题练习学生端）：课堂小测试学生端，完成课堂练习。

Teacher（测试）：练习教师端

Classdojo（课堂管理）：课堂实时评价软件。

以上是课堂即时生成的运用软件。

2. 在课堂中应用新媒体新技术的突出事件（如教学重难点解决的突破、师生深层次教学互动，课堂生成性活动过程及结果教学组织创新等）及起止时间（如：$5'20''-10'40''$，课堂生成性活动过程及结果），时间 3~8 分钟左右，每节课 2~3 段。

最为充分的创新思维培养，颠覆传统的翻转课堂，最正能量的相互评价

第一个环节学生作品展示，想通过 iPad 作品交流实现 2 个转变：第一实现翻转课堂自主完成形声字的音形义的认知。第二实现创新思维，培养学生的个性化思维。

从课前和课堂作品交流反馈来看，应看到学生不仅有能力完成基础认知，更看到传统课堂无法实现的创新思维的呈现：学生作品有小视频制作的形声字理解。如潘薇伊同学通过自己生活中的运动、家务等小场景来表达她基本字"皮"带出的形声字的理解。图画、音乐、配音，无不展示孩子从生活中学习的幸福和愉悦。更给其他小朋友启迪和借鉴。杨哲皓同学通过童话故事——小火车进站来展示他对基础字"苗"带出的形声字的理解。乐高拼成的玩具小火车，配上形声字乘客，讲述一个与苗有关的形声字故事。彭弈然同学用网络查字典的方法先理解自己找出的基本字"当"带出的形声字的词义理解，具有浓郁的学术价值。陈子睿同学展示的基本字"青"带出的形声字，以换部首的形式讲述故事。吸引观者的注意力。何筱悦同学以五个手指代表家庭 5 个成员讲述基本字"包"带出的形声字的理解，温馨而又理解到位。李思麒同学通过浅显易懂，朗朗上口的形声字儿歌的形式展示她对形声字的理解，自然地从识字过渡到阅读的层面。

从逻辑思维上来说，他们都做到了从独自的生活和认知出发，并总结。让我们看到孩子们的无穷潜力。

其他同学的作品也是五花八门各不相同。这就是技术帮助我们实现独特的创新的思维能力培养。

学生的评价是课堂提升、思维碰撞、相互学习的过程。

3. 应用新媒体新技术课堂教学的改善，师生教与学的显著变化，应用前后教学效果的比较，教学创新、资源应用创新、交互过程和结果的思考等。
多种信息提取的引导，多种学习方式的导向 　　第二个环节，教师点评引领话题：怎样从丰富的作品中提炼出形声字的特点。我们过去的方法是引入儿歌，但是这只是给学生一个结果。在网络环境下怎样使用关键词寻找自己需要的信息这一点也很重要，因此我们通过现场信息提取，给学生示范网上提取信息的方法。在真正意义上实现"授人以鱼不如授人以渔"。 　　第四个环节，形生字文化：让学生从不识字到识字，从识字中初步感受中国汉字的美，引导孩子思考。我们在课堂中在用 Fstom 在线联系了他们的课程指导老师郭老师。郭老师身处美国，不仅讲述了汉字的文化，而且对照了英语与之相一致的文化。由于郭老师是博士在读，给同学们很大的启发，也引导他们通过不同方式获取知识，给他们不一样的感受。 **实时测试反馈，引导海量阅读** 　　第三个环节，小测试：这是所有软件都能实现的功能。但仅仅是 9 个形声字的选择，怎样举一反三。我们可以通过出题系统让学生自己出题，让他们在出题中巩固深化所学的几十个形声字。第四个环节从学生作品中找出形声字儿歌，实现海量阅读中的海量识字。识字与阅读紧密联系。而一连串的形声字儿歌不仅丰富了识字量还激发了他们创作的热情。同学们现场制作了自己小组选择的形声字，用自己喜欢的小软件制作出现场认识的汉字。既有优秀同学制作有难度的"绕字族"，也有学习普通的同学制作学过的包字族。不一样的选择自然而然做到分层学习，个性化培养的目标。而每个学生都充满自信和成功的喜悦，因为他们作品呈现的内容和形式完全不同。 **科技突破难点，解决传统疑难** 　　第五个环节，软件写字：这是 iPad 上一款简单易操作的软件。同学们一接触就十分喜欢。常常情不自禁地选择用它来书写。它可以及时生成影视，可以轻而易举解决传统教学中笔画笔顺的问题。小伙伴之间能相互评鉴，让学生充满畏难情绪的写字变得其乐融融，孜孜不倦。
4. 所用的媒体和技术的教学适用性暨有关功能等的改进建议或意见。
我们是在美国内布拉斯加大学林肯分校教育和人类学院副教授 Guy Trainin 博士和博士研究生郭际的指导下运用的软件。这对我们的课程都有帮助。

跨学科案例——奔跑吧 成语

一、基本信息

学校	成都师范附属小学万科分校		
课名	奔跑吧 成语	教师姓名	童琳 巫智丹
学科（版本）	北师大版小学语文	章节	复习
学时	1学时	年级	三年级

二、教学目标

1. 积累植物类、动物类、数字类、人体类成语。
2. 初步研究成语的来源，来源于历史故事、寓言传说、佛教等。
3. 多种方式学习成语。

三、学习者分析

三年级上期寒假孩子们都通过阅读成语故事，学习了许多成语，在这基础上怎样积累成语成为本学期的学习重点；孩子们对学习的成语大多只认识，不能深入了解成语的起源与意思。

四、教学重难点分析及解决措施

重点：多种方式学习成语与图形化编程制作成语故事。
难点：初步研究成语的来源（寓言、历史、佛教、神话等）。

五、教学设计

教学环节	教学内容	环节目标	活动设计	活动目标	媒体作用及分析
一、积累成语（成语开火车比赛）	1. 分类积累成语。 2. 书写成语。	1. 分类积累成语。 2. 书写成语。	1. 抽查分类成语积累。 2. 书写成语在成语乐园思维导图。 3. 分享思维导图，小组检查，订正并陈述理由。	1. 抽查分类成语积累。 2. 书写成语在成语乐园思维导图。 3. 分享思维导图，小组检查，订正并陈述理由。	1. 学生可借鉴平台前置性作业。 2. 照相分享。

教学环节	教学内容	环节目标	活动设计	活动目标	媒体作用及分析
二、理解成语（成语测试卷）	初步学会从字面理解成语。	初步学会从字面理解成语。	1. 例题讲解。 2. 平台测试。 3. 分析正误原因。	1. 例题讲解。 2. 平台测试。 3. 分析正误原因。	1. PPT 展示讲解。 平台试卷测试。 2. 统计数据，分析原因。
三、运用成语（成语游戏）	恰当地将成语放入语境。	恰当地将成语放入语境。	1. PPT 图片引导，恰当将成语放入句子里。 2. 分析原因。	1. PPT 图片引导，恰当将成语放入句子里。 2. 分析原因。	1. 平台游戏。 2. 分析数据。
四、研究成语来源	1. 初步尝试研究成语的来源（寓言、神话、历史、佛教）。 2. 学习多种方式学习成语。	1. 初步尝试研究成语的来源（寓言、神话、历史、佛教）。 2. 学习多种方式学习成语。	成语故事APP，学习成语来源：寓言。 学生录屏分享学习成语来源：历史。 成语词典搜索学习成语来源：神话。 Face Time 学习成语来源：佛教。	1. 成语故事APP 学习成语来源：寓言。 2. 学生录屏分享学习成语来源：历史。 3. 成语词典搜索学习成语来源：神话。 4. Face Time 学习成语来源：佛教。	APP 录屏 Face Time
五、成语中的智慧	讨论：你从一个成语故事中发现了什么智慧？	讨论：你从一个成语故事中发现了什么智慧？	简答方式可使用图片、文字等方式来谈谈自己的想法。	简答方式可使用图片、文字等方式来谈谈自己的想法。	全景平台简答分享图形化编程制作成语故事。

六、教学反思（重点在新媒体和新技术在教学应用中的创新点及效果思考，以及对新技术应用改进思考建议）

反思：成语是汉语言的瑰宝，语言简洁、意思精辟、含义深刻，具有韵律美和表现力。复习成语是把平时在课文中学到的成语零碎知识系统化，从整体上把握复习内容。让学生找规律，然后进行整理，使之条理化，理出知识的序列，明确训练的重点，学会怎样进行复习，同时提高自学能力。成语运用是复习备考的难点之一。如何提高训练的效率？关键是从学生兴趣出发，激发学生复习的内驱力，促使学生实现"要我复习"到"我要复习"的转变。本节课从学生的兴趣入手进行针对性的指导训练，以提高学生成语积累和运用的能力。学生通过多种方式积累成语，非常喜欢。并且通过平台指正，能达到个性化学习要求，孩子们可以在平台上根据需要自我学习。环节三的小组合作学习，进行抽签分任务，孩子们很积极，并且通过 iPad 辅助学习，很好地完成课时目标。

儿童诗案例——风

一、基本信息			
学校	成都市盐道街小学（东区）		
课名	《风》	教师姓名	曾晓英
学科（版本）	北京师范大学出版社	章节	第十三单元第一课
学时	第一课时	年级	二年级

二、教学目标
1. 知识与技能：（1）会写"波、游、戏"3个生字，认识"颤"。（2）正确、流利、有感情地朗读并背诵课文。（3）仿写诗歌。
2. 过程与方法：（1）通过朗读诗歌，随文识字并体会诗歌表达的风的特点。（2）通过直观的图片激发学生观察生活中的风兴趣，并仿照诗歌描写生活中的风。
3. 情感、态度与价值观：（1）感知风的调皮、可爱，体会诗歌传达的童真童趣。（2）培养学生观察生活、乐于进行语言创作的兴趣。

三、学习者分析
学生已经具备了一定的自主识字和阅读的能力，学习这篇课文的生字词对于本班学生来说难度较低，但感知风轻柔、调皮、活泼的特点需要在朗读中领悟，另外创作诗歌前需要引导孩子观察生活中的风，以积累素材。

四、教学重难点分析及解决措施
教学重点：感知风的调皮、可爱，体会诗歌传达的童真童趣。
教学难点：根据诗歌特点仿写诗歌。
解决措施：
1. 在教学中，通过利用白板软件的屏幕遮挡技术、翻翻卡、写字软件创设情境，把孩子们带入微风习习的大自然之中，初步感受风不可捉摸的特点；充分利用拼音软件、声音处理器、图像处理、克隆技术、聚光灯、计时器、多种笔的交互功能，帮助学生轻松突破重难点词语的理解，在此基础上配乐朗读感悟风轻柔、调皮、沽泼的特点。
2. 以一体机的图片处理、学科工具功能为跳板指导学生进行拓展训练，为学生提供续编小诗的活动，让学生去探究、发现自然界中风的足迹，加强语言的感受和积累，在此技术上进行仿写以突破教学难点。

五、教学设计

教学环节	环节目标	教学内容	学生活动	媒体作用及分析
猜谜激趣，情境导入。	激发学习兴趣并初步感知风看不见、摸不着的特点。	师：老师带来一位新朋友，可他一溜烟地跑了，我只好用几句谜语来介绍它，我来读，你来听，猜猜它是谁？	生：倾听，猜谜。	屏幕遮挡技术、翻翻卡、写字软件的运用与文本无缝对接，高效地创设了情境，激趣导入，学生轻松地初步感受到风不可捉摸的神秘特点。
初读课文，读准字音。	学习生字、词语正确、流利读文。	师：自读、录音范读、指名读、巩固识词。	生：自读、标注板演、展示读、小老师互动。	充分利用拼音软件、声音处理器、标注笔的交互功能让学生来做小老师，充分彰显了学生的学习主体地位，增强了学生学习的主动性、趣味性与生生互动性。
再读课文，感知内容。	理解重点词语，感知风的特点。	师：1. 图文并茂理解"颤动""林木点头""河水起波"感知风的有趣。 2. 相机朗读指导并激励背诵。	生：1. 结合图片、动作、表演理解重点词并朗读展示。 2. 摘云朵、背诗歌、得奖章。	1. 图片的动态与镜像处理、聚光灯、计时器、学科工具的使用有效地突破了教学难点中关于词语的理解与运用。 2. 配乐朗诵与拖动云朵，图章笔中奖励小花与奖杯充分调动了学生学习的参与性与自信心，课堂高潮迭起。
仿写诗歌，拓展阅读。	内化积累，学习语言并展开语言创作。	师：1. 分析诗歌写作特点。 2. 借助图片，激发想象、指导诗歌创作。 3. 拓展阅读。	生：1. 观察诗歌写作格式并总结特点。 2. 观察图片与生活中的风。 3. 仿写诗歌、拓展阅读。	以图片处理、学科工具功能为跳板指导学生进行拓展训练，为学生提供续编小诗的活动，让学生去探究、发现自然界中风的足迹，加强了语言的感受和积累，在此技术上进行仿写以突破教学难点。

"新媒体新技术教学应用研讨会暨全国中小学互动课堂教学实践观摩活动"教学反思

学校	成都市盐道街小学（东区）		
课名	风	教师	曾晓英
学科	小学语文	年级	二年级上册

1. 应用了哪种新媒体和新技术的哪些功能，效果如何？

（1）在教学中，通过白板软件的屏幕遮挡技术、翻翻卡、写字软件的运用与文本无缝对接，高效地创设了情境，激趣导入，学生轻松地初步感到风不可捉摸的神秘特点。

（2）充分利用拼音软件、声音处理器、图像处理、克隆技术、聚光灯、计时器、多种笔的交互功能帮助学生成功突破重难点词语的理解，并在此基础上配乐朗读感悟并表演朗读展示了风轻柔、调皮、活波的特点，起到了事半功倍的效果。

（3）以一体机的图片处理、学科工具功能为跳板指导学生进行拓展训练，为学生提供续编小诗的活动，让学生去探究、发现自然界中风的足迹，加强语言的感受和积累，在此技术上进行仿写以突破教学难点。

（4）Flash动图设计：通过动图素材收集资料，制作拓展练习所需的关于风的动图。

（5）爱剪辑、Teach（白板软件的功能）：这两种软件的综合运用可以轻松插入或删除视频、图片、录音，并可直接录制书写。此课也主要用于完成课程的摄制、制作。

（6）写字软件：可以重现书写过程。便于教师指导书写生字，同伴互相学习评价。

2. 在教学活动应用新媒体新技术的关键事件〔起止时间（如：5′20″—10′40″），时间3～8分钟，每节课2～3段〕，引起了那些反思（如教学策略与方法的实施、教学重难点的解决、师生深层次互动，生成性的问题解决等）。

（1）0′45″—1′37″屏幕遮挡技术、翻翻卡的运用与文本无缝对接，高效地创设了情境，激趣导入，把孩子们带入微风习习的大自然之中，让孩子们初步感受到风不可捉摸的神秘特点。

（2）2′36″—2′46″写字软件的运用重现了书写过程，便于教师指导书写生字，同伴互相学习评价。

（3）3′41″—4′40″声音处理器规范展示朗读。

（4）6′18″—6′23″及11′53″—12′35″白板中标注笔的交互性功能利于勾画、标注、有效互动，指导学生正确批注小节号、勾画重点词句。

（5）7′41″—8′09″充分利用拼音软件让学生来做小老师，充分发挥了学生的学习主体地位，增强了学生学习的主动性、趣味性与生生互动性。

（6）13′24″—13′31″、16′37″—16′50″及18′18″—19′38″图片的动态与镜像处理、聚光灯使用有效地突破了教学难点词语的理解、感悟与运用。

（7）26′32″—26′45″、27′54″—30′00″及31′27″—32′06″以配乐朗诵与拖动云朵，图章笔中奖励小花与奖杯充分调动了学生学习的参与性与自信心，课堂高潮迭起。

（8）33′50″—34′04″及38′19″—41′11″计时器、图片处理、学科工具功能为跳板指导学生进行拓展训练，为学生提供续编小诗的活动，让学生去探究、发现自然界中风的足迹，加强了语言的感受和积累，在此技术上进行仿与以突破教学难点。

3. 新技术应用于教学的创新点及效果思考（教学组织创新、教学设计创新等）。

(1) 有效突破重难点，提高课堂效率。

《风》是著名作家叶圣陶先生所写的一首小诗。行文清新活泼，语言浅显易懂，充满童趣，以儿童的视角去观察、描写了生活中的微风。因此感知风的调皮、可爱，体会诗歌传达的童真、童趣是本课的教学重点，根据诗歌特点能背诵并仿写诗歌既是教学重点更是教学难点。

①在教学中，通过利用白板软件的屏幕遮挡技术、翻翻卡、写字软件创设情境，把孩子们带入微风习习的大自然之中，初步感受风不可捉摸的特点；充分利用拼音软件、声音处理器、图像处理、克隆技术、聚光灯、计时器、多种笔的交互功能帮助学生轻松突破重难点词语的理解，在此基础上配乐朗读感悟风轻柔、调皮、活泼的特点。

②以一体机的图片处理、学科工具功能为跳板指导学生进行拓展训练，为学生提供续编小诗的活动，让学生去探究、发现自然界中风的足迹，加强了语言的感受和积累，在此技术上进行仿写从而轻松突破了教学难点，课堂教学实效性增强。

(2) 课堂互动有趣，师生同生共长。

传统识字、阅读教学和现代教学技术的有机结合不仅提高了课堂效率，而且激发了学生学习的热情。图、文、声并茂，有活动、有影像的特点，激发了学生的学习兴趣，特别是配乐朗诵与拖动云朵，图章笔中的奖励小花与奖杯充分调动了学生学习的参与性与自信心，主动、活泼地学习和表达自己，课堂高潮迭起，受益的不只是学生，教师的课堂创新热情满溢。

(3) 开拓思维训练，创新教育思想。

学生核心素养中创新能力的培养应当与时俱进、扎实落实，而这在每一节语文课堂中就应得以展现，这样的语文课堂需要以学生为主体，以学生发展为根本创新教育思想，尊重学生学习的主动意识，致力于学生内化积累与运用语言的训练中。因此，在本次内化积累语言的教学中结合课题"风宝宝"，图文并茂出示诗歌格式并以"风宝宝"吹来的"云朵"遮盖重点词语，给学生以直接的感官刺激，同时根据教学进度相机拖动"云朵"，盛开"小花"、颁发"奖杯"给予学生奖励，有利于引发学生对所背诵知识的兴趣，变被动的"听""记"为主动的"看"，创造性地突破了教学难度。

在仿写练习时，运用精挑细选的动态画面、动态的示意、丰富的图片资料激发了学生创作兴趣，使学生对学习内容——风的特点产生积极的注意倾向，并激起热烈、持久的情绪，从而思维活跃，勇于表达自己的观点，不仅积极地参与到课堂中来，而且学生的思维拓展到了生活中去，在一定意义上，新技术的运用又超越了传统课堂的空间限制，真正体现了大语文教学观。

4. 对新技术的教学适用性的思考及对其有关功能改进的建议或意见。

(1) 交互式白板资源库可进一步丰富、完善。

(2) 能否开通蓝牙功能，整合网络资源，实现电脑、手机、白板三位一体的无缝融合。

(3) 能否整合PPT功能，省下因烦琐操作而消耗的时间以更好地提高课堂教学效率。

群诗整合：古色古香评说 "一"

教学目标

通过收集整理研究带有"一"的古诗，感受古诗中数字"一"在中国传统文化中的独特意义。

初步感知中国古代矛盾统一、循环往复的哲学思想。

教学重难点：通过本课学习，培养学生运用批判性思维处理生活中的事件。

教学过程

■ 一、教师谈话导入

同学们，前期我们收集整理许多带有数字的古诗，在中国五千年悠久文化中最有特色的高度凝练的便是诗歌，一首诗，就是一篇文章，甚至一本书，古诗博大精深，散发出一种难以抗拒的魅力，

今天就让我们锁定视角，聚焦到数字之始的"一"吧。

多媒体课件，展示《题秋江独钓图》。

题秋江独钓图

清·王士禛（zhēn）

一蓑一笠一扁舟，

一丈丝纶一寸钩。

一曲高歌一樽酒，

一人独钓一江秋。

古人常说"诗中有画，画中有诗"，那么王士禛的这首题画诗一连串的"一"向我们展现出了一幅怎样的画面呢?. 诗歌表达什么样的情感？从哪句诗看出来?（你从那句看出什么画面，感受到什么情感?）

079

学生活动：

先自由朗读，然后伴着音乐，描述诗歌画面，最后思考讨论问题。

师生共同归纳：

诗歌中数字"一"表达了孤独与寂寞的情感，在"一蓑一笠一扁舟，一丈丝纶一寸钩"这两句中，五个"一"字把垂钓者的孤寂刻画得淋漓尽致。

诗句还表达了逍遥自在，怡然自得的情感，从"一曲高歌一樽酒，一人独钓一江秋"中表现出来。

小孩都知道"怕得鱼惊不应人"，王士祯江边独钓，却又是喝酒，又是放声高歌，难道他就不怕把鱼儿吓跑吗？可见意不在"鱼"。

对诗人来说，虽是一人垂钓，却钓得一江的秋色，再伴着高歌清酒，一切的烦恼忧愁大概都会随着一江秋水远逝，快意酣畅。这是从数字中感受到的情。

板书：情

■ 二、探究活动，辩论展示

同学们，通过我们的学习，追寻到数字在古诗中的重要性，我们不难发现这些简单的数字就能传递人的情感，那让我们探寻脚步不要停止，继续追问，去探究这些数字的文化内涵。

前期我们通过网络，初探了这些单列的数字的内涵非常丰富，让我们来回顾一下吧。（回顾前置作业）——充分展示互联网学习方式带给学生的思考

问题出现了，怎么有的同学讲到数字一是少的意思，还有同学们讲是多的意思，到底谁是正确的呢？

追问学生依据，用诗句来论证。（观点明确，证据合理。充分展示学生收集资料引发思考的过程）

小组为自己的观点寻找证据，接龙在全景上面。汇报。

教师提炼总结

轮流出示两组诗：

第一组诗："一"在诗中表示"少"的意思。

这些诗歌让人感受到那些情感，一起读一读，感受数字一传递出的寂寞与孤独。

第二组诗："一"在诗中表示"多"的意思。

"一"是怎么会有多的感觉呢？中国哲学家老子在道德经中有一句话展现出

"一"这个数字的另一种含义："道生一，一生二，二生三，三生万物。"让我们感受到一的包容、统一、融合。

感受"一"在中国传统文化中的哲学思想。

同学们，其实"一"既有少的意思，又有多的意思，看似这么矛盾的概念，它怎么在我国文化中做到相融共生，矛盾地统一呢？我们来看一个有趣的数学吧！

对于数与理的同一性，只举一例，你便明白：九个一乘以九个一，答案是多少？$111111111 \times 111111111 = 12345678987654321$。这就是"九九归一"。表示归根结底之意，亦作"九九归原"。

在生活中，你还发现哪些情况是这样循环往复的呢？

（预设：夏至冬至，上山下山）

师生共同总结：

生活中的事件很多都需要我们有循环的思想来面对，冬天过去就是春天，当烦恼出现走过去，就是＿＿＿＿＿＿＿，当困难出现走过去就是＿＿＿＿＿＿＿，

创作训练：

这样的"一"多么有趣，想不想试着用用。

结合数字在诗歌中的作用，用上数字，创作几句诗歌。

习作举例：一打一发一欢笑，一座师生起辩论。一诗一理承传统，一网一屏思无边。

成都市锦江区名师工作室　童琳

语文——主题阅读课程案例

魔法世界：iPad 课堂语文课程群第一主题

单元大纲

第一部分——课内阅读

1. 内容：北师大版语文二年级上册第 5 单元《苹果落地》，第 13 单元《风》《我是什么》《雾》，第 11 单元《第三个小板凳》。

2、目标：朗读课文，识字写字。积累相关的词语。学会用不同的语言鼓励夸奖他人。学习两种句式写话：……一会儿……，有时候……有时候……

第二部分——家庭亲子互动阅读

1. 内容：（1）名家欣赏：泰戈尔《天文家》。

　　　　　（2）走近名人：阿基米德、法布尔。

　　　　　（3）小实验：浮水印。

　　　　　（4）古诗文阅读。

2. 目标：初步了解泰戈尔、法布尔。感受散文诗的优美。继续体会小标题的作用。能将阅读与生活实践相联系。

第一部分——课内阅读

1. 请你按自学要求，用自己喜欢的方式自学课文。

2. 将课文中不认识的字记录在下面，用自己的方式学会它。

不认识的字	文中的词	所在句子	我还会组其他的词	学字的方法

3. 选两篇以上的课文进行朗诵练习，用喜欢的软件录下来，上传到视频网站与大家分享。

    记录分享后一两位同学给自己的点评：_____

_____。

4. 积累单元词语：习以为常、自言自语、反复观察、专心研究、坚持不懈、努力不息、充满自信、身材魁伟、身强力壮、水波荡漾、飘浮、颤动、温和、暴躁、_____。

    选择几个词语写一段话，也可以用上这些词语编个故事哟！

必选的词语：有时候……有时候…… ＊　＊
自选的词语： ＊　＊

5. 学习了课文，老师请你欣赏有趣的舞蹈《风》，你感觉到了舞蹈中的风在哪里吗？和同学说一说。

    你也用自己感兴趣的方法表现一下风吧！也许你会画画，也许你会做手工，也许你还会……把你的"风"带到班上与同学分享。

    分享你得到的快乐：_____。

第二部分——家庭亲子互动阅读

1. 名家欣赏：泰戈尔。

与爸爸妈妈一起阅读《天文家》，英文版可以听父母读也可以听群里的录音。

天文家
泰戈尔

    我只不过说："当黄昏圆圆的满月缠绕在昙花枝头时，难道没有人能捉住它吗？"

    哥哥就笑着对我说："孩子啊，你真是我所见过的最傻的孩子。月亮离我们如此远，谁能捉住它呢？"

    我说："哥哥，你才傻呢！当妈妈望着窗外，微笑地俯视我们嬉戏时，你能说她离我们远吗？"

哥哥又说："你这傻孩子！可是，孩子啊，你到哪里才能找到一张大得足以捉住月亮的网呢？"

我说："当然，你可以用双手去捉住它呀。"

但是哥哥还是笑着说："你真是我所见过的最傻的孩子！如果月亮近了，你就知道它有多大了。"

我说："哥哥，你不明白吗！当妈妈俯下脸亲吻我们时，她的脸看起来也是非常大吗？"

但哥哥还是说："你真是个傻孩子。"

THE ASTRONOMER

I only said, "When in the evening the round full moon gets entangled among the branches of that Kadam tree, couldn't somebody catch it?"

But my brother laughed at me and said, "Baby, you are the silliest child I have ever known. The moon is ever so far from us, how could anybody catch it?"

I said, "how foolish you are! When mother looks out of her window and smiles down at us playing, would you call her far away?"

my brother Still said, "You are a stupid child! But, baby, where could you find a net big enough to catch the moon with?"

I said, "Surely you could catch it with your hands."

But my brother laughed and said, "You are the silliest child I have known. If it came nearer, you would see how big the moon is."

I said, "Brother, do you understand When mother bends her face down to kiss us does her face look very big?"

But still he says, "You are a stupid child."

（1）听一听、读一读：自己读一读中文版。听妈妈或音频读英文版，有能力的你也可以读读英文版（音频在班级群文件里）。

（2）想一想：你觉得弟弟说的有趣吗，月亮有多远，你有什么看法？

（3）玩一玩：你能捉住月亮吗？试一试，把你捉月亮的过程记录下来。（视频、照片、绘画、文字……都可以）

月亮被捉住了吗，读读这个传说：

———————

秦淮河的文德桥有一奇景：每年农历十一月十五日晚上，天上一轮满月，站在桥上俯看，倒映湖中的却是左右各映半边月亮。这就是"文德桥上半边月"的奇观，曾引得无数游人来揽奇观景。

为什么会这样呢？相传，农历十一月十五日这天，李白来到文德桥的酒楼，赏月喝酒，吟诗作赋。此时皓月一轮，金辉满地，李白心荡神摇，醉意朦胧，摇摇晃晃来到文德桥边，只见河面清如明镜，凭栏下望，忽然看见月亮掉在水里了，水波晃荡，皓白的月亮上似乎平添了几条黑影。醉眼惺忪的李白，见月亮被河水弄脏了，急得连靴子也顾不上脱，张开双臂奋力跳下桥去捞月亮，月亮被震成两半，从此每到十一月十五日，文德桥下总是左右各有半边月，酒楼也因此命名"得月楼"，人们还在桥旁修建"得月台"，纪念李白赏月捞月。

试试给这个传说取个题目吧。

2. 走近名人——阿基米德。

阿基米德的故事

阿基米德是一位天文学家的儿子。他出身贵族，是古希腊著名的数学家和工程师。

阿基米德的智慧闻名天下，阿基米德的行动闪烁思维的光芒。阿基米德的故事很多很多，每一个故事都非常动听。

浴池里的发现

相传叙拉古国王让工匠替他做了一顶纯金的王冠，做好后，国王疑心工匠在金冠中掺了假，但这顶金冠确与当初交给金匠的纯金一样重，到底工匠有没有捣鬼呢？既想检验真假又不能破坏王冠，这个问题不仅难倒了国王，也使诸大臣们面面相觑。后来，国王请阿基米德来检验。国王事先严厉地告诫阿基米德在测定时不得毁坏王冠。

阿基米德想了很多办法，但都失败了。他朝思暮想，还是茫然不知所措。有一天，当他泡在一满盆水里洗澡时，发现水溢了出来，同时感到身体的重量在水中也减轻了。忽然一个闪念使他联想到，溢出水量的体积等于他身体浸入水中的那部分体积。那么，如果他把王冠浸入水中，根据水面上升的情况，他就能说出王冠的体积。他将王冠的体积与等量金子的体积进行比较，如果两者体积相等，就证明王冠是纯金的；假如王冠内掺有银子的话，王冠的体积就会大些。想到这里，他抑制不住自己的喜悦的心情，猛然从浴盆中跃出，全身赤条条地奔到叙拉古的大街上，径直向皇宫跑去，他边跑边喊："我知道了：我知道了！"

经过检测，王冠确实被掺入一部分银子，造王冠的金匠受到了惩罚

而阿基米德却因此发现浮力的秘密：物体在液体中所获得的浮力，等于他所

排出液体的重量。这就是阿基米德定律。

"我要移动地球！"

早在公元前 1500 年，埃及就有人使用杠杆来抬起重的东西，但是人们不懂得其中的道理。为什么一根小小的木棍就可以抬起那么重的东西？阿基米德细心地研究、实验，终于发现了其中的奥秘，那就是杠杆原理。

有一次，国王命令他把海边的一条大船移走。这条大船体积大，相当重，很多人都因为拉不动而感到束手无策。阿基米德却很轻松地对国王说："这没问题。如果有一个站脚的地方，我能移动地球！"

阿基米德运用杠杆的奥秘，设计了一组装置：用钩子钩住一组做成滑轮形式的杠杆。阿基米德非常舒服地坐在椅子上，毫不费劲地用一只手就把一艘满载货物的大船从港口一直拉到岸上。

（1）你还可以给这两个小故事起个什么样的小标题：

_____、_____

（2）阿基米德的智慧从哪里来的？我们来研究一下他怎么解决遇到的难题。

故事	要解决的问题	解决的办法	怎么找到办法的
王冠的秘密			
我要移动地球			

3. 走近名人——法布尔。

装满昆虫的衣袋

1823 年 12 月 22 日，著名昆虫学家法布尔出生在法国南部一个名叫圣莱昂的小村子里。村子里小溪纵横，花草丛生，附件丛林中鸟栖虫居，各种可爱的小动物跑来跑去。法布尔从小就对小虫子非常着迷。

一天傍晚，暮色笼罩了田野，爸爸妈妈忙完农活正要回家，却发现法布尔不见了。他们不由得着急起来，在田野上边跑边呼喊儿子。

"妈妈，我在这儿呢！瞧，我抓到了那只会唱歌的虫子！"妈妈一看，儿子的手里拿着一只全身翠绿、触角细长的纺织娘。三天前，法布尔就告诉她，花丛里经常传出一种动听的声音，不知是谁在唱歌。现在，他终于找到了这位"歌唱家"。

八九岁的时候，父亲叫他去放鸭子。他把鸭子赶进池塘以后，就去水边逮蝴蝶，捉甲虫，或是蹲下来静静地观察奇妙的水底世界：漂亮的螺壳、来回穿梭的游鱼、五彩缤纷的蠕虫……

有一次，法布尔正在细心地观察周围的一切，忽然，一只闪烁着金属光泽的小甲虫从他眼前掠过。"嗬，真漂亮!"他边叫边用小手扑过去，敏捷地捉住了它。这只甲虫比樱桃还要小，颜色比蓝天还要蓝。法布尔高兴极了。他把这个小宝贝放进蜗牛壳里，包上树叶，装进自己的衣袋，打算回家后再好好欣赏。这一天，他还捡了好多的贝壳和彩色的石子，把两个衣袋塞得鼓鼓囊囊的。

夕阳西下，法布尔赶着鸭子，满载而归，心里甜滋滋的。

"你这可恶的小傻瓜!"法布尔一回到家，父亲就怒气冲冲地责骂他，"我叫你去放鸭子，你倒好，只顾自己玩，捡这些没用的玩意儿! 快给我扔了!"

母亲也在一旁厉声地责备："捡石子干什么? 撑破了裤兜! 老是捉小虫子，不叫你的小手中毒才怪呢!"

法布尔难过极了，眼泪刷刷地往下掉，很不情愿地把心爱的小宝贝放进了垃圾堆。

可是父母的责骂丝毫没能阻止法布尔对昆虫的迷恋。以后每次放鸭，他仍然兴致勃勃地捡那些"没用的玩意儿"，背着大人把衣袋装得鼓鼓的，躲起来偷偷地玩。

正是这种对昆虫的痴迷，把法布尔引进了科学的殿堂。后人为了纪念法布尔，在为他建造的雕像上，把两个衣袋做得高高地鼓起，好像里面塞满了许许多多昆虫。

(1) 这个故事里一定有各种你感兴趣的问题，学习阿基米德，试试解决这些问题。

我感兴趣的问题	解决的办法	我试着在小组里表达自己对这个问题的看法。

(2) 欣赏语言。

我感兴趣的词句段	点评：我喜欢的理由	我产生的联想

(3) 从上面的问题或喜欢的句段中选择一个做成视频，课堂上向全班分享。

【学生分享实例】

我感兴趣的片段：

有一次，法布尔正在细心地观察周围的一切。忽然，一只闪烁着金属光泽的小甲虫在他眼前掠过。"荷！真漂亮！"他边叫边用小手扑过去，敏捷地捉住了它。这只甲虫比樱桃还要小，颜色比蓝天还要蓝。法布尔高兴极了。他把这个小宝贝放进蜗牛壳里，包上树叶，装进自己的衣袋，打算回家后再好好欣赏。

点评：

我喜欢的理由：

"闪烁着金属光泽、比樱桃还小、比蓝天还蓝"这几个词特别好，写了甲虫的大小和颜色，让我觉得甲虫很美很可爱，我也好喜欢。

"放进蜗牛壳、包上树叶、装进衣袋"这三个词语写出了法布尔的动作，让我觉得法布尔好喜欢这个甲虫。

我产生的联想：

读这一段话，我仿佛看到了：法布尔蹲在地上，目不转睛地观察着周围的一切。忽然，他边叫边扑过去，飞快地捉住了一只小甲虫。他高兴地拿在手里，左瞧瞧，右看看，脸上露出笑容，然后小心翼翼地把它放进蜗牛壳里，包上树叶，放进衣袋，接着又继续观察，最后把两个衣袋塞得鼓鼓的，虽然衣服变的很脏很丑，但是他很高兴，就唱着歌儿回家。

4. 小实验

可爱的浮水印

思考：宣纸上漂亮的图案不是画出来的，是怎样制作出来的？

材料：脸盆1个、宣纸1~2张、筷子1支、棉花棒1根、墨汁1瓶、水（约半盆）

操作：

（1）在脸盆里倒入半盆水，用蘸了墨汁的筷子轻轻碰触水面，即可看到墨汁在水面上扩展成一个圆形。

（2）拿棉花棒在头皮上摩擦两三下。

（3）然后轻碰墨汁圆形图案的圆心处，看看有什么现象。

（4）把书法用纸轻轻覆盖在水面上，然后缓缓拿起，纸上印出什么图案呢？

（1）实验小记录：

我观察到的（可以绘画、或文字）	我的疑问	我的猜测

（2）实验大揭秘：

棉花棒在头皮上摩擦，会沾上头皮上的少量油脂，这些油脂一入水，就会影响水分子的互相拉引，让水产生出有趣的图案。

（3）试试改编一下这个实验：

试试其他的方法，改变水面上墨汁的图形。

5. 小古文阅读。

称　象

曹操得巨象，欲知其轻重，不能称。操之幼子名冲，告操曰："置象于船上，刻其水痕所至。去象，将他物积载船中，使水及原痕，复称他物，则象重可知矣。"

两小儿辩日

两小儿辩日，问其故。（辩日一作：辩斗）

一儿曰："我以日始出时去人近，而日中时远也。"

一儿以日初出远，而日中时近也。

一儿曰："日初出大如车盖，及日中则如盘盂，此不为远者小而近者大乎？"

一儿曰："日初出沧沧凉凉，及其日中如探汤，此不为近者热而远者凉乎？"

孔子不能决也。

两小儿笑曰："孰为汝多知乎？"及原痕。复称他物，则象重可知矣。"

冬夜读书示子聿

宋·陆游

古人学问无遗力，少壮工夫老始成。

纸上得来终觉浅，绝知此事要躬行。

●这些古诗文中，有曹冲、辩日的两个小儿、子聿。你喜欢谁？为什么？

●选一篇你最喜欢的，背诵上传。

●你觉得哪些诗句难记忆的，用你喜欢的方式记下来吧！

最难记忆的句子	我想出的办法	成功星

成都市锦江区名师工作室　杜玉　黄英

附：班级整本书共读《昆虫记》《儿童散文诗》活动图片

童年岁月：iPad 课堂语文课程群第二主题

单元大纲

●北师大版二年级语文上册《毛绒玩具》《我们的玩具和游戏》《贺年片》《松鼠日记》学习。自主学习课文，朗读识字。用日记记录童年生活。（仿写《贺年片》片段和《我的玩具和游戏》）

● 阅读《童年游戏一、二》，在学校交流活动，拍照记录
● 观视频欣赏阅读《从百草园到三味书屋》《闰土》《社戏》
● 初识鲁迅查阅相关资料整理成小视频
● 观微课阅读小古文《人在少年》《人生小幼》制作作品
● 班级共读《窗边的小豆豆》《儿童散文诗》相关作品
● 创作童诗童话作品集《童眼看童年》

第一部分　多种方式自主阅读

1. 内容：《毛绒玩具》《我们的玩具和游戏》《贺年片》《松鼠日记》。

2. 任务：

（1）学生通过多种方式自学课文（看视频朗读），找几篇喜欢的课文自己配乐朗诵，用喜欢的软件录下来与大家分享。

（2）选择你不认识的生字，运用 iPad（字典）自学课文中的生字。

针对这些生字提出有意思的问题，你打算用什么方式解决这些问题？

识字，提问，解决？		
字词	问题	解决方式
róng 绒 毛	1. 绒毛是很细的毛吗？ 2. 绒字有什么好方法能记住？ 3. 绒毛和戎马比较？	我与爸爸妈妈讨论。 我抄了三遍，默写一遍，记住了。 我查汉典理解了。

（3）继续练习选词编故事。可以画图哦！（也可以用 WPS 软件）

选的词语 选词写话：（记住开头空两格）

第二部分　家庭亲子互动阅读

1. 与大人一起阅读《童年的游戏（一）》《童年的游戏（二）》。

2. 你能通过小标题读懂什么，用你喜欢的方式为《童年的游戏一》标注作者提到的游戏。

3. 听爸爸妈妈讲童年的故事，一起玩你最感兴趣的游戏，选择一种录制玩耍情节并分享给小伙伴。

童年的游戏（一）（节选）

王小波

大约是四五岁的时候，我能够跟别的孩子一块玩耍了。于是，我和一帮伙伴整天在离家不远的城壕里捡垃圾、捉迷藏、玩火，甚至跟别的队的孩子用石头、土块玩打仗的游戏。这样的日子，总算强过了一个人呆（待）在屋里被公鸡啄的时候。早饭一吃，就有别的伙伴来叫我，我们一块去城壕耍。一般情况下，去了先捡一些枯枝败叶点一堆火，然后拿一根木棍在上面缠上一厚层塑料纸点着，模仿电视上的人拿着火把，十分神气。城壕里有个洞，据说是过去人们挖井时挖得（的）通道，在井的半中腰拐了一下，从另一个方向出来，这个出口就在城壕。那时，那个出口已经有些历史了，进到里面顶上总有土渣掉落下来。大人们千叮咛万嘱咐让我们不要进去，但是这却成了我们小孩子验证自己胆子大，资历深的好办法。有那么一段时间，我经常举着火把进去。一是看是不是像大人们说的那样，这是过去人们挖井时留下的通道，二是想看看里面有没有什么宝物，三是想在伙伴面前逞能，好让他们见识一下我的勇敢。当然，这种事很快就会传到大人耳里。为此，母亲责骂过我，父亲拿巴掌打过我，姐姐嘲笑过我。可是，我竟一点也不后悔。

下雨的时候，城壕里下不去。我们就看大孩子们打牌，慢慢的，我们也学会了。于是就在他们一旁"另起了炉灶"，而且玩得比他们还高兴。所以，大孩子一般不愿意我们凑过去，往往会把我们赶走，后来，我们也就不找他们自己玩了。那时的纸牌游戏很多，比如玩"升级""抢银行""弥竹竿""拐三""挖坑"等，有时光打牌，觉得没意思了会拿纸做赌注。赢了，兴高采烈；输了，垂头丧气。还有一种游戏是"打四角"，玩之前先叠好四角，然后两个人或者几个人一起打，假如在打的过程中有别的四角翻了过来，那就算赢了。除了这些，我们最高兴的就数"丢手绢"了。

一群孩子围成一圈蹲下去，大家依次进行"石头剪刀布"，最后一个输的人，拿起手绢绕着大家边跑边唱：

丢丢丢手绢，

轻轻地丢在小朋友的身边，

大家不要告诉他，

快点快点捉住他。

其他人也一起跟着唱，丢的人趁有人不注意，就把手绢轻轻丢到他身后，然后迅速找个位置蹲下，在此过程中要是被拣到手绢的人抓住，那就只能重新丢。如果没抓住，捡到手绢的人就得重新找人"接替"他。往往，我们都会把声音弄得很大，一是为了招来其他伙伴的加入，一是为了热闹。玩的过程中，大家都是一副兴高采烈的样子，即使玩一大晌都不觉得尽兴，大人喊我们回家吃饭时，都要磨蹭一番，直到大人提着笤帚威吓着来赶时，才会一窝蜂散去。

小学三年级之前，我最爱玩的就是丢手绢。有时候，拿起手绢故意迟迟不丢，等到其他伙伴等得不耐烦而掉以轻心时，冷不防就把手绢丢到跟前。我都蹲下好一会儿了，有些人却浑然未觉，那种笑场的感觉直到今天都觉得很有意思。有时候，拣到手绢后会和丢手绢的伙伴追好大一会儿，等到两个人都气喘吁吁时才会蹲下来。渐渐的，大家都觉得这样仿佛更有意思，所以就成了一种习惯。丢的人不急着丢，丢了以后更是不着急蹲下来。因为越是持续，越是尽兴，大家越觉得回味无穷。

记得有一次在学校操场，我和几个同学利用课间去玩丢手绢。由于玩得太疯，竟没有听见上课的铃声，直到猛然间发现校园里已经静得出奇时，才着急慌忙地往教室跑去。去了也不敢进教室，一个个互相推诿着喊"报告"，想进去。之后在老师的一顿批评责怪之后，齐刷刷地站在了外面，下课后被几个调皮鬼嘲笑了个遍。虽然如此，我们仍然没有失去对于游戏的兴趣。

升入四年级以后，同学们都在玩"斗鸡"。所以，我也抱着腿，跳着加入一方的"阵营"。斗鸡是男孩子的游戏，我们在一边玩，女孩子们则站在一边加油。其实，我在刚上学那会已经会玩了。所以到了四年级，已经算是高手了。记得那时候，我们几个高手只有几个人，经常需要对付十几个人。为了减少周旋的时间，我们商量好采用偷袭的战术。也就是等到游戏一开始，趁他们一群人还没有全部准备好，我已经冲到他们跟前了，由于忌惮我，他们会后退，这样就把"将石"暴露了。我会迅速俯下身子抓起"将石"，飞快地跳到己方的阵地，在我把两颗"将石"放在一起时，也就宣布了战斗的胜利。看着女孩子钦佩，男孩子羡慕的眼神，我会偷偷乐好一阵子。

偷袭战术基本上百试不爽，但是也有几次失败的经历。有时候，当我冲过去时，对方非但没有退却，反而会一群人跳着围过来。当然，我被"包饺子"之后，只得拼命冲出重围。其他的伙伴会来帮我解围，但是防守的力量就会减弱，当然也就增加了丢失"将石"的可能性，于是我们也并不是每次都赢。可就是因为这样，才更加显出了游戏的悬念，即使在游戏中负了伤、挂了彩也并不觉得有什么。现在想想，这的确是挺危险的游戏。在游戏中，稍有不慎就会弄伤腿脚，还容易发生踩踏。现在的孩子已经不玩"斗鸡"了，我也只好把它当作岁月的印记封存在记忆里。

进入五六年级，伴随我的是"跨大步""打沙包""踢电报"和"掀城"的游戏。由于学业的逐年加重，我们玩得时间不是很多，只能利用周末的时间来放松一下。慢慢的，也就少了过去的乐趣。升入初中后，玩得时间就更少了。从此，我告别了伴随我长大，给我带来无尽乐趣的游戏。

"丢丢丢手绢，

轻轻地丢在小朋友的身边，

大家不要告诉他，

快点快点捉住他。"

时常在耳边还会回响起这样清脆、兴奋的游戏声，现在想起来，的确是因为难以忘却。再见，童年的游戏！再见，童年！

体会在文中加入简短童谣或者歌词的写法，提出自己的感受。

童年的游戏（二）

跳房子

一起玩跳房子的人现在都不见了，像被风吹散的蒲公英，忽然无踪。

一根粉笔，水泥地上画出"土"字形的方格，再丢一把自己捡来的汽水瓶盖串成的于，游戏就开始了。跳房子的游戏看似热闹，却是那么孤独，它每次只容许一个人跳，两个人，三个人，四个人——可以共同围着一个房子跳。

一步一格，又一步一格，串子被我们一点点地推移至前，金鸡独立跳跃的身姿，夏天的我们裙角飞扬、高翘的马尾巴像一把拂尘上上下下扫着和风，好看。几个回合跳下来，粉笔画出的格子线便越来越模糊，被脚蹭的，被汗湿的，被手磨的，完满地跳完一个房子，往往要重复补画好几次线。

最常玩的几个人都住在附近。夏天里，一条小裙子，裹在身上，也显得宽大，大家都瘦，最瘦的蒋晓，个子也矮，跳房子她却最灵巧，几乎不用怎么侧身蹲下，就足以捡到地上格子内的串子。

蒋晓是个害羞的女孩，脸上总是挂着腼腆可爱的微笑。我们操有严重口音的普通话叽叽喳喳，她不说话，继续笑眯眯地看着我们。我们的父母大多在同一个单位，为了生活，从遥远的异乡，风尘仆仆拖家带口地来到这个城市，穿起黄灰的工作服，雨淋日晒，与它一道，建立一种新的生活。

蒋晓家的生活却更艰难，她有个大几岁的姐姐，唇红齿白，每次我们玩，蒋晓却都是孤身一人，后来我们才知道，她的姐姐智力有问题，路都走不稳，本来说好放在老家送人的，人家都联系好了，是对无儿无女的老夫妻，愿意养个女儿暖暖心，临走，父母却如何也舍不得，说在深圳那边吃糠咽菜，讨口要饭，也要把姐妹俩拉扯大。于是，每天黄昏晚饭后，小区里便多了一道风景，蒋晓瘦得干虾米一般的妈妈后面，拖着一个木棍子似地戳着的清秀女孩，慢慢踱在人行道上，最后一抹夕阳的黄披在她们身上，两人像走在油画里。

跳房子其实是个简单的游戏，但是就因为它简单，反倒显出了不易，你必须要沉得住气，一格一格地跳，一步一个脚印，谁也不能偷懒，也没有片刻的休息，来回蹦跳于房子内，直至跳完一个完满的回合。

若干年后，我突然发现那些当年一起跳房子的玩伴都不见了，妈妈说，都工作了，有的还把父母都接走了，你当然找不到她们了。我问起蒋晓，妈妈叹了口气，别说她了，真看不出来，上个月张阿姨托她帮忙买了套房子，说好不赚钱的，结果还是吃了几万块的差价，这些中介。

原来蒋晓现在某地产中介做起了业务员，妈妈又说，房子那么贵，人家容易吗？一辈子东奔西走，马不停蹄地忙乎，她们却还要割人家一刀。

我不语，其实我是想问问蒋晓家的姐姐，我又想起了童年时的那些黄昏那些太阳下的蹦跳。

昨天晚上，我无意中做了一个梦。梦中的我面目身形都不清，和几个人努力地玩着跳房子的游戏，当我大汗淋淋地跳完一个回合，扭头一望，却发现房子用刺目的白粉笔新增了"天地"两块格，挂在尾巴上，呈半圆形，像一把巨型降落伞。我无奈，只能将串子丢进"天"的方块内，背过身，蹲下，反剪着手小心地摸索着串子，只要摸着了串子，我就能大获全胜了。可是我摸不着，无论如何努力，我都摸不着，天太宽了，我越发地急了，一急，就醒了。

过家家

很小的时候，我就自觉地跟同伴们玩起了过家家。

家是最简单的家，庄稼地里择一角空地，捡两块石头，再围上几个人，也油盐酱醋茶起来。

我总是做家长，怀里抱着一块石头做的孩子，奶声奶气地哄，哦不哭，宝宝不哭。旁边的爸爸就忙着低头收拾，我们要去走亲戚，花衣裳穿上了身、大小包的点心也拎上了手，打开门，满心满眼绿油油的麦苗，微风一吹，掀起阵阵的绿浪，送我们一家大小上路，步子轻盈得胜过拂面的风。

为了追求逼真效果，我甚至还偷偷从家里拿过腊肉和香油。

到那时，已经是我近十岁时的事了。暑假里，过了几十天的家家还不过瘾，我索性趁着新学期秋游之际，一反常态，固执已见地跟另外两个要好的同学过起了模拟生活——野炊。

是真正的野炊。前一天晚上，我就吵开了，向家里要米要油要调料，妈妈给我买来上好的里脊肉，切好，再码上调料，为了营养搭配，还做了白糖西红柿凉拌黄瓜，拿保鲜膜封好再入冰箱冻得冰爽宜人。可野炊时，我们还是忙坏了。好不容易找来干柴热好了锅，却因火力时大时小，菜烧焦了、饭煮生了。三个人手忙脚乱地弄完几个菜，才发现周围本来熙熙攘攘的人群早已散去——同学们都已烧烤完毕，去了湖边荡舟或是草地上放风筝。惟余我们，一张花脸、两手汗湿，咂咂有声地享用下午餐，平时难以下咽的黄瓜也成了天下最好的美食。

过家家，一种日子中的小日子，虚日子，儿时如此痴迷的游戏，仿若大人们如此痴迷于影戏。

那戏里，其实也是油盐酱醋茶的日子。

家里的那台日立牌彩电，在我家家过得如火如荼时，也摆在了客厅最当眼的位置。

它绝对是家里的宠儿。为了防尘，妈妈还特意抽出休息时间，买来好看的毛线，勾了镂空的搭巾，爸爸更是小心翼翼，看完规定的节目，必用手试探后背的温度与散热，说是电视不能疲劳工作。

再累，他们也每天不落地看一集又一集的连续剧，一部又一部的电影，那些阴谋与残杀，他们也喜欢，音乐再响，屏幕一关，即可静听针落。然后，第二天，又专心地投入新一天的生活。

有影戏的日子，我们陪着笑陪着哭，不仅仅是消遣。

彻底告别过家家的游戏，是在我上初中那年，那一年，我开始有了蒙蒙的初恋。

十多年后，我回乡，遇见童年时一起做过"夫妻"的男孩，他早已为人夫为人父。春节里，他来串门，穿一身宽大的旧衣，锁着眉，边哄孩子边敲得了腰椎间盘突出的腰，我礼貌地陪着笑，心里却在想：幸好是过家家，要不，谁愿意做她的妻啊。

穿 花

教我玩穿花的，是班里的好朋友小红，故乡的冬天，我们把一根红线玩得溜光水滑。

我叫它穿花，具体叫什么，小红也不知道，只说是个大人教的她，一根毛线，首尾相结，一人两手绷紧穿叉交错的线，另一个，两手叉进线里，几根指头挑起线条蝴蝶般翻飞几下，再将其翻出一个新的图案来。

我笨，总是玩不好，几个回合下来，就线缠结死，再也翻不出什么图案，宛若命运走到了绝处。

可我偏偏喜欢跟村里的倪二妹玩，倪二妹人聪明，干事也手脚麻利，也不过比六岁的我大两岁，外婆却总呷嘴点着我的额，你看看人家，背满满一背篓猪草了。我不生气，我喜欢倪二妹，她带我偷地里的玉米，扒清甜的红薯，还有，她的穿花玩得漂亮，能翻出各种图案，线条纠缠一团，我的脸上已经浮上了胜利的笑，她却不声不响，两手翘起尖尖的兰花指，轻轻一跳，柳暗花明不说，水也柔了风也软了鸟也欢了。

私底下，倪二妹问我，利华，你说城里头玩不玩这个。我想了想说不知道，我确实不知道，我要到下半年才跟着爸爸妈妈去城里呢。倪二妹就有些失望地叹口气，利索地割一把猪草扔进背篓，让我以后别忘了她。

我也是上个月才知道自己要跟着爸妈去深圳的。

那个春天，我记事多了一些。印象最深的，是一次放学回家，滑进了刚插好秧的稻谷田。倾盆大雨，我如一条泥鳅，浑身黄泥努力挣扎着想要爬上田间的小路，却由于湿滑与视力模糊，一次次地失败，春雨无比刺骨，我却全然顾不上，落水的小鸟一般一声声凄厉的哀号。

那条上学的路，一直是我的噩梦，也是附近几个村所有孩子的噩梦。窄小、滑溜、稍不小心，还有可能掉下百米高的悬崖，然而为了求学，我们却不得不一次次地克服畏惧。

可现在我要去城里了，爸爸说，城里马路多，车也多，你大一点上学就能踩单车了。

可爸爸没有告诉我，进了城，大家都不玩穿花了，同学之间，流行玩万花筒。一个硬纸卷的筒底，镶一块做成不规则面的玻璃，随便扔进几块彩纸屑，摇一摇，是百花齐放；再摇一摇，是六角雪花；又摇一摇，是怒放的牡丹……一如穿花，小径分岔，千差万别，起死回生，只在一根线一个拐弯之间。

万花筒我其实并没有买，而是借用楼下同学的。她发育早，常常跟我讲一些所谓的小秘密。一天，她要我讲讲我爸妈的浪漫故事。我那时并不清楚，几年后，妈妈才得意扬扬地告诉我当年的情事。

是八月十五那天吧。爸爸去接妈妈来家里过节，一大早，妈妈就下了地，她不愿见到爸爸，那个才见了一面的胖男孩，一点也不讨她喜欢，中午回家时，却被外婆排山倒海地骂了一顿，只得出门到坡上去找爸爸，一边走一边她心里就暗暗下了决定，如果他还没走，那么，这辈子就是他的人了，奇迹就在那一刻发生了，半山坡的大石上，爸爸稳坐如磐，定定地望着妈妈家的方向。

可就在妈妈讲述完毕，爸爸自言自语地认真补了一句：什么啊，你以为我是那么没骨气的人嘛，又不是找不到媳妇，你看见我的时候，我正准备走了呢。

体会在文中小标题的作用？你可以在自己的文章中加入小标题吗？

第三部分 走近名人——初识鲁迅

1. 看视频欣赏《从百草园到三味书屋》，感兴趣的同学可以阅读原文。

2. 阅读鲁迅描写的童年故事《少年闰土》《社戏》。介绍故事中的人物时，你能不能使用双引号来引用故事中的词语或句子。对比文章描写的鲁迅生活的环境，找出自己的生活场景，描写自己生活的地方或者阅读文中作者对人物描写，试着写写自己生活中的一个人。

3. 对每篇文章提出感兴趣的问题，想出解决办法。分小组完成交流并汇报哦！

鲁迅

我国著名的文学家鲁迅先生，毕生创作出许多的优秀文学作品，反响强烈，引发世人深省。在诸多的文学作品中也涌现出诸多的名言警句并流传于世，在儿时的课本上，在交流的对话当中，都有鲁迅先生的名言浮现。

横眉冷对千夫指，俯首甘为孺子牛。

其实地上本没有路，走的人多了，也便成了路。

（选自小说《故乡》）

《从百草园到三味书屋》原文共有大约 2500 字左右，是鲁迅先生在《朝花夕拾》中收录的文章，在这一脍炙人口的散文中，作者以如诗的笔触，舒卷自如地为人们描绘了一个妙趣横生的童心世界。

从百草园到三味书屋

我家的后面有一个很大的园，相传叫作百草园。现在是早已并屋子一起卖给朱文公的子孙了，连那最末次的相见也已经隔了七八年，其中似乎确凿只有一些野草；但那时却是我的乐园。

不必说碧绿的菜畦，光滑的石井栏，高大的皂荚树，紫红的桑椹；也不必说鸣蝉在树叶里长吟，肥胖的黄蜂伏在菜花上，轻捷的叫天子（云雀）忽然从草间直窜向云霄里去了。单是周围的短短的泥墙根一带，就有无限趣味。油蛉在这里低唱，蟋蟀们在这里弹琴。翻开断砖来，有时会遇见蜈蚣；还有斑蝥，倘若用手指按住它的脊梁，便会啪的一声，从后窍喷出一阵烟雾。何首乌藤和木莲藤缠络着，木莲有莲房一般的果实，何首乌有臃肿的根。有人说，何首乌根是有象人形的，吃了便可以成仙，我于是常常拔它起来，牵连不断地拔起来，也曾因此弄坏了泥墙，却从来没有见过有一块根像人样。如果不怕刺，还可以摘到覆盆子，像小珊瑚珠攒成的小球，又酸又甜，色味都比桑椹要好得远。

长的草里是不去的，因为相传这园里有一条很大的赤练蛇。

长妈妈曾经讲给我一个故事听：先前，有一个读书人住在古庙里用功，晚间，在院子里纳凉的时候，突然听到有人在叫他。答应着，四面看时，却见一个美女的脸露在墙头上，向他一笑，隐去了。他很高兴；但竟给那走来夜谈的老和尚识破了机关。说他脸上有些妖气，一定遇见"美女蛇"了；这是人首蛇身的怪物，能唤人名，倘一答应，夜间便要来吃这人的肉的。他自然吓得要死，而那老和尚却道无妨，给他一个小盒子，说只要放在枕边，便可高枕而卧。他虽然照样办，却总是睡不着，——当然睡不着的。到半夜，果然来了，沙沙沙！门外像是风雨声。他正抖作一团时，却听得豁的一声，一道金光从枕边飞出，外面便什么声音也没有了，那金光也就飞回来，敛在盒子里。后来呢？后来，老和尚说，这是飞蜈蚣，它能吸蛇的脑髓，美女蛇就被它治死了。

结末的教训是：所以倘有陌生的声音叫你的名字，你万不可答应他。

这故事很使我觉得做人之险，夏夜乘凉，往往有些担心，不敢去看墙上，而且极想得到一盒老和尚那样的飞蜈蚣。走到百草园的草丛旁边时，也常常这样想。但直到现在，总还没有得到，但也没有遇见过赤练蛇和美女蛇。叫我名字的陌生声音自然是常有的，然而都不是美女蛇。

冬天的百草园比较的无味；雪一下，可就两样了。拍雪人（将自己的全形印在雪上）和塑雪罗汉需要人们鉴赏，这是荒园，人迹罕至，所以不相宜，只好来捕鸟。薄薄的雪，是不行的；总须积雪盖了地面一两天，鸟雀们久已无处觅食的时候才好。扫开一块雪，露出地面，用一支短棒支起一面大的竹筛来，下面撒些秕谷，棒上系一条长绳，人远远地牵着，看鸟雀下来啄食，走到竹筛底下的时候，将绳子一拉，便罩住了。但所得的是麻雀居多，也有白颊的"张飞鸟"，性子很躁，养不过夜的。

这是闰土的父亲所传授的方法，我却不大能用。明明见它们进去了，拉了绳，跑去一看，却什么都没有，费了半天力，捉住的不过三四只。闰土的父亲是小半天便能捕获几十只，装在叉袋里叫着撞着的。我曾经问他得失的缘由，他只静静地笑道：你太性急，来不及等它走到中间去。

我不知道为什么家里的人要将我送进书塾里去了，而且还是全城中称为最严厉的书塾。也许是因为拔何首乌毁了泥墙罢，也许是因为将砖头抛到间壁的梁家去了罢，也许是因为站在石井栏上跳下来罢，……都无从知道。总而言之：我将不能常到百草园了。我的蟋蟀们！我的覆盆子们和木莲们！

出门向东，不上半里，走过一道石桥，便是我的先生的家了。从一扇黑油的竹门进去，第三间是书房。中间挂着一块扁道：三味书屋；扁下面是一幅画，画着一只很肥大的梅花鹿伏在古树下。没有孔子牌位，我们便对着那扁和鹿行礼。第一次算是拜孔子，第二次算是拜先生。

第二次行礼时，先生便和蔼地在一旁答礼。他是一个高而瘦的老人，须发都花白了，还戴着大眼镜。我对他很恭敬，因为我早听到，他是本城中极方正，质朴，博学的人。

不知从那里听来的，东方朔也很渊博，他认识一种虫，名曰"怪哉"，冤气所化，用酒一浇，就消释了。我很想详细地知道这故事，但阿长是不知道的，因为她毕竟不渊博。现在得到机会了，可以问先生。

"先生，'怪哉'这虫，是怎么一回事？……"我上了生书，将要退下来的时候，赶忙问。

"不知道！"他似乎很不高兴，脸上还有怒色了。

我才知道做学生是不应该问这些事的，只要读书，因为他是渊博的宿儒，决不至于不知道，所谓不知道者，乃是不愿意说。年纪比我大的人，往往如此，我遇见过好几回了。

我就只读书，正午习字，晚上对课。先生最初这几天对我很严厉，后来却好起来了，不过给我读的书渐渐加多，对课也渐渐地加上字去，从三言到五言，终于到七言。

三味书屋后面也有一个园，虽然小，但在那里也可以爬上花坛去折腊梅花，在地上或桂花树上寻蝉蜕。最好的工作是捉了苍蝇喂蚂蚁，静悄悄地没有声音。然而同窗们到园里的太多，太久，可就不行了，先生在书房里便大叫起来：

"人都到那里去了?"

人们便一个一个陆续走回去;一同回去,也不行的。他有一条戒尺,但是不常用,也有罚跪的规矩,但也不常用,普通总不过瞪几眼,大声道:

"读书!"

于是大家放开喉咙读一阵书,真是人声鼎沸。有念"仁远乎哉我欲仁斯仁至矣"的,有念"笑人齿缺曰狗窦大开"的,有念"上九潜龙勿用"的,有念"厥土下上上错厥贡苞茅橘柚"的……先生自己也念书。后来,我们的声音便低下去,静下去了,只有他还大声朗读着:

"铁如意,指挥倜傥,一座皆惊呢~~;金叵罗,颠倒淋漓噫,千杯未醉嗬~~……"

我疑心这是极好的文章,因为读到这里,他总是微笑起来,而且将头仰起,摇着,向后面拗过去,拗过去。

先生读书入神的时候,于我们是很相宜的。有几个便用纸糊的盔甲套在指甲上做戏。我是画画儿,用一种叫作"荆川纸"的,蒙在小说的绣像上一个个描下来,象习字时候的影写一样。读的书多起来,画的画也多起来;书没有读成,画的成绩却不少了,最成片断的是《荡寇志》和《西游记》的绣像,都有一大本。后来,因为要钱用,卖给一个有钱的同窗了。他的父亲是开锡箔店的;听说现在自己已经做了店主,而且快要升到绅士的地位了。这东西早已没有了罢。

九月十八日

少年闰土

深蓝的天空中挂着一轮金黄的圆月,下面是海边的沙地,都种着一望无际的碧绿的西瓜。其间有一个十一二岁的少年,项带银圈,手捏一柄钢叉,向一匹猹(chá)用力地刺去。那猹却将身一扭,反从他的胯下逃走了。

这少年便是闰土。我认识他时,也不过十多岁,离现在将有三十年了;那时我的父亲还在世,家景也好,我正是一个少爷。那一年,我家是一件大祭祀(sì)的值年。这祭祀,说是三十多年才能轮到一回,所以很郑重;正月里供祖像,供品很多,祭器很讲究,拜的人也很多,祭器也很要防偷去。我家只有一个忙月(我们这里给人做工的分三种:整年给一定人家做工的叫长年;按日给人做工的叫短工;自己也种地,只在过年过节以及收租时候来给一定的人家做工的称忙月），忙不过来，他便对父亲说，可以叫他的儿子闰土来管祭器的。

我的父亲允许了；我也很高兴，因为我早听到闰土这名字，而且知道他和我仿佛年纪，闰月生的，五行缺土，所以他的父亲叫他闰土。他是能装弶捉小鸟雀的。

我于是日日盼望新年，新年到，闰土也就到了。好容易到了年末，有一日，母亲告诉我，闰土来了，我便飞跑地去看。他正在厨房里，紫色的圆脸，头戴一顶小毡帽，颈上套一个明晃晃的银项圈，这可见他的父亲十分爱他，怕他死去，所以在神佛面前许下愿心，用圈子将他套住了。他见人很怕羞，只是不怕我，没有旁人的时候，便和我说话，于是不到半日，我们便熟识了。

我们那时候不知道谈些什么，只记得闰土很高兴，说是上城之后，见了许多没有见过的东西。

第二日，我便要他捕鸟。他说："这不能。须大雪下了才好。我们沙地上，下了雪，我扫出一块空地来，用短棒支起一个大竹匾，撒下秕（bǐ）谷，看鸟雀来吃时，我远远地将缚在棒上的绳子只一拉，那鸟雀就罩在竹匾下了。什么都有：稻鸡，角鸡，鹁鸪（bó gū），蓝背……"

我于是又很盼望下雪。

闰土又对我说："现在太冷，你夏天到我们这里来。我们日里到海边捡贝壳去，红的绿的都有，鬼见怕也有，观音手也有。晚上我和爹管西瓜去，你也去。"

"管贼吗？"

"不是。走路的人口渴了摘一个瓜吃，我们这里是不算偷的。要管的是獾（huān）猪，刺猬，猹。月亮地下，你听，啦啦地响了，猹在咬瓜了。你便捏了胡叉，轻轻地走去……"

我那时并不知道这所谓猹的是怎么一件东西——便是现在也没有知道——只是无端地觉得状如小狗而很凶猛。

"它不咬人吗？"

"有胡叉呢。走到了，看见猹了，你便刺。这畜生很伶俐，倒向你奔来，反从胯下窜了。它的皮毛是油一般的滑……

我素不知道天下有这许多新鲜事：海边有如许五色的贝壳；西瓜有这样危险的经历，我先前单知道它在水果店里出卖罢了。

"我们沙地里，潮汛要来的时候，就有许多跳鱼儿只是跳，都有青蛙似的两只脚……"

啊！闰土的心里有无穷无尽的希奇的事，都是我往常的朋友所不知道的。他们不知道一些事，闰土在海边时，他们都和我一样只看见院子里高墙上的四角的天空。

103

可惜正月过去了，闰土须回家里去。我急得大哭，他也躲到厨房里，哭着不肯出门，但终于被他父亲带走了。他后来还托他的父亲带给我一包贝壳和几支很好看的鸟毛，我也曾送他一两次东西，但从此没有再见面。

对比阅读：（开头和结尾）附原文：

开头：我的脑里忽然闪出一幅神异的图画来：深蓝的天空中挂着一轮金黄的圆月，下面是海边的沙地，都种着一望无际的碧绿的西瓜，其间有一个十一二岁的少年，项带银圈，手捏一柄钢叉，向一匹猹尽力的刺去，那猹却将身一扭，反从他的胯下逃走了。

结尾：我在朦胧中，眼前又展开一片海边碧绿的沙地来，上面深蓝的天空中挂着一轮金黄的圆月。

第四部分——师生共读感受古文美

1. 观微课，听读小古文，能流利诵读。
2. 找找与童年有关的古诗，并能背诵。

人在少年

人在年少，神情未定，所与款狎（xiá），熏渍（zì）陶染，言笑举对，无心于学，潜移暗化，自然似之。何况操履艺能，较明易习者也？是以与善人居，如入芝兰之室，久而自芳也。与恶人居，如入鲍鱼之肆，久而自臭也。墨子悲于染丝，是之谓矣。君子必慎交游焉。孔子曰："无（wù）友不如己者。"

——《颜氏家训》节选之二

注释

①神情：思想情操。

②与：结交.

③款狎（xiɑ）不庄重的亲近。

④熏渍（zi）陶染：熏陶感染。

⑤操履：操行。

⑥艺能：技能。

⑦鲍鱼之肆：出售咸鱼的店铺。鲍鱼：咸鱼，其气味腥臭。肆：店铺。

⑧是之谓：即"谓是"，宾语前置。说的就是这个。是：这个。

⑨但：只。

文白对读

人在年轻的时候，精神性情都还没有定型，和那些情投意合的朋友朝夕相处，收到他们的薰渍陶染，人家的一言一笑，一举一动，虽然没有存心去学，但是潜移默化之中，自然跟他们相似，何况操守德行和本领技能都是比较容易学到的东西呢？因此，与善人相处，就像进入满是枝草兰花的屋子中一样，时间一长自己也变得芬芳起来；与恶人相处，就像进入满是鲍鱼的店一样，时间一长自己也变得腥臭起来。墨子因看见人们染丝而感叹，说得也是这个意思。君子与人交往一定要慎重。孔子说："不和不如自己的人交朋友。"

诵读小博士

1. 这段《颜氏家训》引用了下面孔子的这段话。对照着读一读，你能理解"君子必慎其所处者"的意思吗？

与善人居，如入芝兰之室，久而不闻其香，即与之化矣；与不善人居，如入鲍鱼之肆，久而不闻其臭，亦与之化矣。丹之所藏者赤，漆之所藏者黑，是以君子必慎其所处者焉。

——《孔子家语·六本》

2. 读一读，背一背。

(1) 居必择居，行必就士。 ——孔子

(2) 染于苍则苍，染于黄则黄，所入者变，其色亦变。

——墨子

(3) 故近朱者赤，近墨者黑；声和则响，清形正则影直。

——傅玄

人生小幼

人生小幼，精神专利，长成已后，思虑散逸，固须早教，勿失机也。吾七岁时，诵《灵光殿赋》，至于今日，十年一理，犹不遗忘；二十之外，所诵经书，一月废置，便至荒芜矣。然人有坎壈，失于盛年，犹当晚学，不可自弃。孔子云："五十以学易，可以无大过矣。"魏武、袁遗，老而弥笃，此皆少学而至老不倦也。曾子七十乃学，名闻天下；荀卿五十，始来游学，犹为硕儒；公孙弘四十余，方读春秋，以此遂登丞相……幼而学者，如日出之光，老而学者，如秉烛夜行，犹贤乎瞑目而无见者也。

文白对读

人在幼小的时候，精神专注敏锐，长大成人以后，思想容易分散，因此，对孩子一定要及早教育，不可错失良机。我七岁的时候，背诵《灵光殿赋》，直到今天，隔十年温习一次，仍然没有遗忘。二十岁以后，所背诵的经书，一个月，便全忘光了。当然，人的一生是曲曲折折的，壮年时失去了求学的机会，更应当在晚年时抓紧时间学习，不可自暴自弃。从小就学习的人，就好像日出的光芒；到老年才开始学习的人，就好像拿着火把在夜间行走，这总比比闭着眼睛什么都不看的人强吧。

诵读小博士

这段话论述的是学习与年龄的问题，作者认为教育孩子应该_____，不要错过良机。如果失于盛年，_____，_____。他认为少而好学，如_____；老而好学，如_____。

●下面还有一些古诗，你可以自行选择一首在 iPad 上找到，写在后面的格子上。再美美地读出来，录成视频和我们分享！做小老师变成微课哦！

杨万里（宋）《舟过安仁》　　　　　　胡令伦（唐）《小儿垂钓》

辛弃疾（宋）《清平乐·村居》　　　　吕岩　（唐）《牧童》

叶绍翁（宋）《夜书所见》　　　　　　袁枚　（清）《所见》

高鼎　（清）《村居》

●让我们积累与童年有关的诗词吧！

古朗月行

李白（唐）

小时不识月，呼作白玉盘。　　　　又疑瑶台镜，飞在青云端。

仙人垂两足，桂树何团团。　　　　白兔捣药成，问言与谁餐。

蟾蜍蚀圆影，大明夜已残。　　　　羿昔落九乌，天人清且安。

阴精此沦惑，去去不足观。　　　　忧来其如何？凄怆摧心肝。

池上

白居易（唐）

小娃撑小艇，

偷采白莲回。

不解藏踪迹，

浮萍一道开。

宿新市徐公店

杨万里（宋）

篱落疏疏一径深，

树头花落未成阴。

儿童急走追黄蝶，

飞入菜花无处寻。

四时田园杂兴（其一）

范成大（宋）

昼出耘田夜绩麻，

村庄儿女各当家。

童孙未解供耕织，

也傍桑阴学种瓜。

回乡偶书

贺知章（唐）

少小离家老大回，

乡音无改鬓毛衰。

儿童相见不相识，

笑问客从何处来。

●这些诗中，你觉得哪些诗句难记忆的，用你喜欢的方式记下来，还可以写一幅书法作品哦！

成都市锦江区名师工作室　杜玉　赵珂

诚实守信：iPad 课堂语文课程群第三主题

学科（版本）	二年级上下册单元内容整合（诚实、讲信用）	章节	第三主题
学时		年级	二年级
教学目标	1. 使用软件来记录爸爸妈妈对诚实守信的看法，并且与大家分享，通过和同学们的交流来形成自己对诚实守信的认识。 2. 利用 iPad 来学习教材上的课文，通过文字、图片和视频整合成的多媒体电子书来加深对所学知识的认识。 3. 拓展的课外内容，有助于提高学生的阅读能力、思维能力和语文素养，并且加深对于"诚实守信"这一主题的认识。 4. 学生利用 iTunes U 发帖讨论"我身边的诚实守信的故事"，来关注生活中与诚实守信有关的大事小事。		
解决教学重难点的措施	重点：能够利用 iPad 理解诚实守信的意义，学习生字词。 难点：利用 iPad 与大家分享讨论，共同学习。		
学习者分析	通过一年级下册一学期对 iPad 课程的理解和学习，学生已经相对了解 iPad 课程的运作规律，也学会了利用 iPad 来分享学习经验和成果、查找相关学习资料。这一进步大大地拓宽了学生的视野，改变了传统的教学模式，更是提高了对学生学习学科知识能力、运用现代科学技术的要求。		

　　课前学生活动：采访爸爸妈妈对诚实守信的看法，并且利用 iPad 录制成视频。

教学环节	活动目标	教学内容	活动设计	多媒体应用及分析
展示学生作品	交流讨论 分享信息	了解成人如何看待诚实守信	小组交流讨论	随机推送学生作品。
课文让我读	学生学习课文 了解故事内容	《手捧空花盆的孩子》《可爱的娃娃》《我必须去》《小山羊和小灰兔》	学生分角色，有感情地朗读	iTunes U、电子书。
生字我来认	识记课文中的生字	课文中出现的生字	学生利用 iTunes U 上电子书，完成"生字宝宝找妈妈"的活动，匹配生字和拼音	iTunes U、电子书、书法软件。

教学环节	活动目标	教学内容	活动设计	多媒体应用及分析
故事加油站	通过补充资料加深学生对诚实守信的了解	故事:《季布一诺千金》《落水的商人》《朋友》视频:《金斧子》《狼来了》	学生自主选择观看或阅读相关内容后,用自己的话给大家讲故事	iTunes U、电子书。
温故而知新	复习学过的生字	课文中新学的生字	采用简化的宾果游戏来听写生字	
古人怎么做	拓展小古文阅读	《滥竽充数》《曾参教子》	学生在朗读后,用自己的话讲述这个故事,并且配上音乐和图片,制作成作品	iTunes U、电子书、Educreations.
大家说说看	学习名人名言,分享、交流、讨论身边的诚实守信故事	名人名言学生身边发生的和诚实守信有关的故事	1. 学生自主收集名人名言,并制作成作品和同学们分享; 2. 学生观察身边的大事小事,讲述发生在自己身边的诚实守信的故事,并且发帖和同学们分享讨论	iTunes U、电子书、Educreations.

成都市锦江区名师工作室　刘鑫怡

魔变世界：iPad 课堂语文课程群第四主题

学科（版本）	季节内容整合	章节	第四主题
学时		年级	二年级
教学目标	1. 学生自读课文《秋天到》《火红的枫叶》《迷人的夏天》《看瓜》结合生活实际，了解关于季节的趣事（可插入相关音频视频）。 2. 学习描写四季古诗词，巩固知识的同时进一步理解四季的特点（可插入相关音频视频）。 3. 学生收集并分享一首关于季节的古诗，并能讲一讲古诗的大概意思。 4. 气象站，了解天气。 5. 读朱自清的《春》《荷塘月色》，初识朱自清（可插入相关音频视频）。 6. 关于季节的成语比拼。 7. 学生制作视频——我和季节的故事，并且配音。 8. 拓展绘本《我爱我的爷爷》，小故事分享学生自己的爷爷。		
解决教学重点难点的措施	重点：阅读识字，了解各个季节的特点。 难点：学会观察身边季节的变化，增强阅读与写作的能力。		
学习者分析	学生已经熟悉了一学期的 iPad 课程，喜欢制作作品，具有通过互联网进行学习的方式途径，能在老师的指导下完成作品提纲，并根据提纲进行作品制作。		

教学环节	活动目标	教学内容	活动设计	媒体功能应用及分析
课前朗诵引入新课	课前学生自学课文，了解秋季和夏季的特点。	《秋天到》《火红的枫叶》《迷人的夏天》《看瓜》可加入音频视频。	学生通过多种方式自学课文，并能找一篇喜欢的课文自己配乐朗诵，并录下来与大家共享。	iPad 中录音 APP 软件：学生回家完成，老师选出重点训练点按阅读评估在作业栏提出问题学生回帖。
生字学习	自学课文中的生字。	运用 iPad 自学课文中的生字，并提出关于生字的问题和自己的解决方法在共享里继续练习选词编故事。	分组讨论学习生字。	iTunes 平台：学生可以观看老师录制的微课视频。

教学环节	活动目标	教学内容	活动设计	媒体功能应用及分析
四季诗词	用自己喜欢的方式学习古诗词。	选自己喜欢的描写四季的古诗词	学生自行总结四季的特点锻炼学生的概括和观察的能力并以作业的形式在平台上进行提交。	iTunes 平台。
收集古诗	学生从教师的资源库中选择并分享一首关于季节的古诗，并能按照老师的范例讲一讲古诗的大概意思。	关于季节的古诗学习《初夏游张园》〔宋〕载复古乳鸭池塘水浅深，熟梅天气半晴阴。东园载酒西园醉，摘尽枇杷一树金。	古诗配乐的欣赏和朗诵。	教师提供的资源库。
了解天气	初步了解天气的变化。	观看《夏天的雷雨》——卡通视频复习小古文《雨雪霜露》找找《小古文》或者《论语》别的文本	网络搜索关于天气的谚语，并试着预测天气。	iPad 中的搜索引擎。
知识拓展（选学一篇）	走进名人，了解朱自清的生平及部分作品。	读朱自清的《春》与《荷塘月色》，初识朱自清。（可插入相关音频视频）	运用网络了解朱自清的生平，配乐欣赏文章，找出自己最喜欢的一段话并说明为什么？	电子书。
万词王	丰富学生的词汇量。	预设：（金秋八月　一叶知秋金风送爽　秋色宜人秋兰飘香　秋风瑟瑟秋意深浓　望穿秋水）	学生收集关于季节的四字词语并说明它表示的意思并在讨论平台上交流或者提交。	运用 iPad 中的搜索引擎。
我是小导游	将学过季节知识能够运用。	选择自己喜欢的季节，了解其特性，运用收集的古诗和词语，我是小导游，选择一个你喜欢的地方，结合当地的天气和气候，带同学们一起去旅游。（给大家出行衣食住行的建议，介绍当地的风土民情）	1. 制作视频并将你的介绍用配音与视频相结合。2. 分享交流。	APP 软件。
拓展作业	亲子共读绘本。	绘本《我爱我的爷爷》与《看瓜》里的爷爷相比较有什么不同。	1. 小故事分享学生自己的爷爷。2. 视以视频的形式保存并分享，方便同学们的交流。	录音 APP 软件。

成都市锦江区名师工作室　胥燕妮

良好习惯：iPad课堂语文课程群第五主题

学科（版本）	二年级"好习惯"内容整合	章节	第五主题
学时	30学时	年级	二年级
教学目标	1. 学生自读课文《不懂就要问》《字典大楼》《敏而好学，不耻下问》，结合生活实际了解学习的好习惯。（可插入相关音频视频） 2. 学生收集并分享关于学习习惯的名言和古文，并能讲一讲它们的大概意思，对学习方法进行总结。 3. 把总结学习方法做成手抄报，拍照上传到iPad。 4.《列宁不懂就问》的故事，了解列宁。（可插入相关音频视频） 5. 学习《要善问》，进一步学习总结学习习惯。（可插入相关音频视频，思考怎样运用iPad进行自主学习） 6. 看一看其他小朋友的文章，在课堂上分享自己制作的手抄报成果。 7. 看好习惯等儿歌和其他好习惯的总结，拓展生活习惯，制作自己的习惯分析卡，和爸爸妈妈一起完成评价。		
解决教学重点难点的措施	重点：阅读识字，学习并总结学习习惯。 难点：增强阅读与写作的能力，制作习惯评价卡片，逐步在学习中养成好的习惯。		
学习者分析	学生已经熟悉了一学期的iPad课程，喜欢制作作品，具有通过互联网进行学习的方式途径，能进一步总结使用互联网的习惯，能在老师的指导下完成作品，分析自己的学习习惯现状。		

教学环节	活动目标	教学内容	活动设计	媒体功能应用及分析
朗诵引入新课	学生自学课文，了解学习的好习惯。	《不懂就要问》《字典大楼》《敏而好学，不齿下问》，可加入音频视频。	1. 学生通过多种方式自学课文，初步了解有哪些学习习惯。 2. 看相关链接，了解孙中山、孔子的生平。	教师提供的资源库，学生回家完成，老师选出重点训练点，按阅读评估在作业栏提出问题，学生回帖。
音频录制	了解课外的习惯。	观看教师提供的其他小文章，选择一篇自己喜欢的制成音频上传。	运用录音软件自行制作音频。	iPad中录音APP软件。

教学环节	活动目标	教学内容	活动设计	媒体功能应用及分析
生字学习	自学课文中的生字。	运用 iPad 自学课文中的生字，并提出关于生字的问题和自己的解决方法，在共享里说一说自己是怎样运用互联网来学习生字的。	分组讨论学习生字，总结有哪些学习的方法。	iTunes 平台、学生可以观看老师录制的微课视频，学生之间可以相互讨论。
制作手抄报	把总结学习方法做成手抄报，拍照上传到 iPad。	学生自己搜集资料，讨论、总结学习方法。在课堂上进行成果分享展示。	学生自行总结学习方法，锻炼学生的总结和搜集资料的能力，并以作业的形式在平台上进行提交。	iTunes 平台教师提供的资源库。
课堂深化学习	学生从教师的资源库中选择《列宁不懂就问》或者《要善问》。	小组合作选择一篇课文，运用手抄报中分享的方法进行学习，提出问题。	学会提问与合作。	电子书、iTunes 平台。
拓展	看儿歌和其他好习惯的故事，拓展生活好习惯。	观看《儿歌视频》、卡通视频，听一听其他小朋友录制的课外小文章。	拓展学习好习惯到生活好习惯。	电子书、iTunes 平台。
知识拓展	走进名人，了解朱自清的生平及部分作品。	读朱自清的《春》与《荷塘月色》，初识朱自清。（可插入相关音频视频）	1. 运用网络了解朱自清的生平配乐欣赏文章。2. 找出自己最喜欢的一段话并说明喜欢的理由。	电子书。
我是小博士	积累名言。	预设：一系列名人名言。学生通过一些自己的方法选择喜欢的名言进行速记。	学生选择自己喜欢的名言，说明它所表达的意思，当堂记忆。	运用 iPad 中的搜索引擎。
我会做	制作好习惯评价量表。	1. 复习之前学习的相关课文。2. 在老师引导下总结所有的好习惯，制作出一张评价表。在课后和爸爸妈妈一起完成。	逐步养成好的习惯，把好的习惯结合自身情况尝试落实。	APP 软件。
拓展作业	搜集关于学习习惯的成语，如"举一反三""聚精会神""锲而不舍"。	学生搜集相关成语，并自主学习成语的典故由来。	可以以录音的形式，也可以以录视频的形式保存，方便同学们的交流。	录音 APP 软件。

科学世界：iPad 课堂语文课程群第六主题

学科（版本）	二年级上下册单元内容整合（好奇、合作动脑筋）	章节	第六主题
学时		年级	二年级
教学目标	1. 课文学习——学生自读课文《苹果落地》《我的影子》《比本领》《狮子和兔子》，先看视频了解故事大概内容，并能表述；然后自读，通过音频更正自己读错的字词，做到自读准确无错误。 2. 小古文拓展——学习小古文《称象》《破瓮救友》《道边李苦》，体会主人公的聪明与智慧。两篇《称象》的不同，初次体会古文与白话文的区别与联系。回顾复习《道边苦李》。 3. 名人传——了解牛顿，收集他的小故事。 4. 好句积累——收集科学家的一些名言警句。 5. 谚语学习——弄懂什么是谚语，收集关于合作的谚语。 6. 知识回顾——"我有一双火眼金睛"，教师先让学生每人整理一些容易写错的字，写出错误的词语，全班同学比赛，看谁有火眼金睛可以找出来错误。 7. 课外思维训练——"我是小小科学家"，通过语文天地《我想知道》，让学生在 iTunes 上提出为什么的问题，同学之间回帖互相回答，最后在课堂上展示，锻炼学生口语表达能力和合作能力。 8. 学生制作视频——我喜爱的科学家。（包括名人简介、故事讲解、喜欢理由） 9. 画画展示——学生画图，《我眼中的科学世界》。
解决教学重点难点的措施	重点：阅读识字，口语表达。 难点：学生观察身边的科学现象，提出问题，合作解决。
学习者分析	学生的思维都非常活跃，词汇量大，对 iPad 课程积极性非常高，喜欢制作作品与同学们分享，有较好的用互联网进行学习的方法，能根据老师的要求用 iPad 完成自学任务。学生对小古文有一定的接触，很多篇目都会背诵。

课前学生活动：

1. 自读课文《苹果落地》《我的影子》《比本领》《狮子和兔子》《天鹅、大虾和梭鱼》，先看视频了解故事大概内容，能说出来；然后自读，通过音频更正自己读错的字词，做到读准确无错误。

2. 选出自己喜欢的课文，并找一篇喜欢的课文自己配乐朗诵后录下来与大家共享。

3. 自学生字词，并提出关于生字的问题和自己的解决方法在共享里，用词编故事。

4. 读《称象》《破瓮救友》《道边李苦》，不认识的字自己想办法查出。

5. 了解牛顿收集他的小故事。

6. 收集关于科学家的一些名言警句。

7. 在 iTunes 上发帖交流《我想知道》。提出身边的科学问题，或者回答其他同学的问题，互相帮助合作交流。

8. 整理自己写错的字词或者自己认为容易写错的字词，写出错误原因并改正。

9. 制作视频，我喜爱的科学家（包括名人简介，故事讲解，喜欢理由）。

教学环节	活动目标	教学内容	活动设计	媒体功能应用及分析
朗诵引入新课	学生自学课文成果进行展示。	朗读课文《苹果落地》《我的影子》《比本领》《狮子和兔子》《天鹅、大虾和梭鱼》。	学生与大家分享自己的录音，课前小组讨论，选出优秀朗读者，并在班上现场朗诵，学生点评。	iPad 中录音 APP 软件，通过 iPad 共享自己的作品，投票选出优秀作品。
生字学习	课文中的生字检测。	教师随意展出几个词语与生字，看学生自学情况。学生分享方法和故事。	1. 学生讨论，推选出好的学习生字词的方法，并向他人学习。2. 全班分享学生自编词语故事，方便记忆。	iTunes 平台、学生可以观看老师录制的微课视频。
角色扮演	通过角色扮演更好地理解课文内容。	学生自行设计表演《比本领》《兔子和狮子》《天鹅、大虾和梭鱼》。	学生根据同学的表演能讲述故事的大概内容，评选出最佳演员。	无。
生字巩固	易错字巩固练习。	教师展示学生整理的错字，要求学生改正。	学生课前自行汇总错字，教师整理，以"我有火眼金睛"为题，学生比赛。	学生课前用 iTunes 交流，课上用 iPad 改错。
知识拓展	通过小古文学习，了解古文与现代文的区别。	《称象》《破瓮救友》《道边李苦》。	学生在配乐中齐读课文，教师讲解《破瓮救友》。对比两篇《称象》，根据学生讨论的结果，教师浅析区别和联系。	iPad 中的搜索引擎。

教学环节	活动目标	教学内容	活动设计	媒体功能应用及分析
营救计划	分组讨论，设计营救计划。	图片展示设问：有一天，小兔不小心掉到了坑里，你该怎样救小兔上来呢？	小组讨论，想出营救计划。	电子书中展示图片。
知识拓展	走进名人，了解牛顿，收集他的小故事。	学生课前搜索牛顿小故事，教师在课堂上播放视频。	学生讲一些牛顿的其他故事，并说说他是一个怎样的人。	运用 iPad 中的搜索引擎。
口语交际	提出问题，与同学合作解决问题，发现身边的科学现象。	学生课前网络上互相交流学习，教师选出有意义的问题和同学们一起探讨身边的科学。	以小组比赛的方式，谁先找到答案并能大致论述出来就加分。	课前运用 iPad 中 iTunes 软件交流，课上运用 iPad 中的搜索引擎。
谚语学习	初步学习谚语，能正确运用。	教师请学生讲解谚语的用法并举例。	学生展示自己收集到的关于合作和有趣的谚语。	运用 iPad 中的搜索引擎。
我喜爱的科学家	学生说说自己喜欢的科学家和理由，训练写作能力。	学生课前制作《我喜爱的科学家》视频，在课堂上与大家分享。	小组选出代表展示，全班投票选出优秀摄影师。	iPad 中的 APP 软件，制作视频。
课外延伸	举办讲故事比赛，激发学生口语表达的积极性和写作能力。	学生自己选择一个科学家的故事，现场讲故事。	自由报名，全班同学当评委，选出"小小故事家"。	无。

成都市锦江区名师工作室　苏阳

语文——整本书阅读课案例

童书阅读：基于全景平台课外阅读
——《窗边的小豆豆》

教学内容和媒介分析

小说《窗边的小豆豆》讲述的是作者的一段真实经历。迄今为止，"小豆豆"被译成了 33 种文字。这本书的作者黑柳彻子被任命为继奥黛丽·赫本后联合国儿童基金会的第 7 任亲善大使。

这本书不仅带给全世界几千万读者无数的感动和笑声，而且为现代教育的发展注入了新的活力，成为 20 世纪全球最有影响的作品之一。

这本充满了童真童趣的书，还原了小豆豆学校生活中的许多场景，对于孩子有着别样的吸引力，通过表演、制作等方式重现这些场景，无疑能够更加深孩子对书的喜爱和理解。同时，通过这些再塑造的过程，也能让孩子在阅读理解的基础上展开丰富的想象力，将文字描写内化后再创造，真正成为自己的知识。而书中大量的小故事、小场景给了孩子们充分的选择机会，让每个孩子都能自由选择，展现个性。

而这些内容借助全景课堂这个多元交互式平台，融视频、图片、语音、文字为一体，通过分享圈可以分享给全班、小组和个人。老师也可以定点分发。而评价的功能可以是基于某个环节、某个知识点的具体评价。其中老师课堂的即时小视频也可以分享。

教学目标

（1）知识与技能：初步懂得阅读故事时，要感受人物的形象。

（2）过程与方法：通过阅读、表演，体会书中的人物形象。

（3）情感态度与价值观：

①让孩子懂得分享一本书的方法，培养孩子阅读一本书后有分享的意愿。

②激发儿童阅读的兴趣和热情，通过想象力的培养让孩子具有初步的创造性思维。

学习者分析

经过三年的语文学习积累，孩子已经具备一定的阅读能力和大量的文本阅读经验，因此在班级中推行整本书阅读具备可行性。这个阶段的孩子个体差异较大，并且是自信心形成的关键时期，因此给予孩子个性化的展示机会和指导就显得尤为重要。而 iPad 的介入就能很好地解决这个问题。

这个班级的孩子从一年级开始接触 iPad，通过长期的练习，已经熟悉了 iPad 的操作，如推送桌面到大屏幕上；能够熟练运用课堂中需要运用的各类小软件，如"全景课堂"，掌握了 iPad 的课堂交互应用要领，能够利用 iPad 进行学习内容的交流、评价。学生在日常上课的积累过程中，养成了较好的学习习惯，对 iPad 使用纪律有明确认识，所以在课堂中使用 iPad 不会影响到正常教学秩序。

学校长期进行 iPad 教学，使孩子们的创造性思维和批判性思维得到很好的发展，喜欢别具一格的课堂形式，也乐于展示自己，对于同学的展示能够提出比较实用的意见和建议。因此课堂中会给予孩子们更多的展示自我和交流互评的机会。

教学策略

1. 任务驱动法

学生根据前置的具体任务开展活动，从书中选择自己喜欢的情节进行配图、表演、拍摄并制作成作品，将书本上的文字生动化、可视化。

2. 讨论交流学习法

学生在获得评价后，把自己的应聘书贴在黑板上相应位置下，供全班同学相互学习。学生通过讨论交流，学习票房高的作品优秀之处，也讨论出票房低的作品可以改进的地方。

教学过程

1. 一个故事，一份精彩

（前置准备）学生选择一个情节，配上几幅图，每幅图配上相应的文字。

老师小结：一本书有很多故事，每个故事都有一份精彩，每个人都会有自己喜欢的精彩，这些精彩合起来就是这一本书。

2. 一个人物，一串想象

（前置准备）学生选择喜欢的人物进行表演，拍摄成小视活动设计：

万科"星工厂"

（1）学生带着作品、书籍、应聘书三样到听课老师中，获得老师的赞助和评价。

（2）学生根据赞助的金额，将应聘书贴到黑板相应的数额下。

（3）学生欣赏最高片酬的作品，说说他能得到这么高的片酬的理由。学生自己也谈谈老师对自己作品的评价。

（4）片酬低的作品，也谈谈作品要改进的地方。

老师小结：每个人物都有自己的特点，都能让我们产生各种想象，我们在阅读时，头脑中就不停地播放着人物的故事。

3. 一段创编，一次成长

活动设计：设计自己的理想学校，以及在学校里的活动与学习。

（1）编写影片描述版。

（2）分享你的描述设计。说说设计理由，相互评价，说出自己喜欢的设计的理由。

（3）内容的评价，别人的作品对自己的启发。

教学附件

1. 演员应聘书

演员应聘书

角色特点	关键词	原文（填页码）关键词
外貌		
性格		
表演事件		
请梦想导师根据学生作品的表演语言、体态与文字契合度等为小影星付片酬（在相应的价位上打星）。		

10万	20万	30万	
梦想导师简短评价			

《窗边小豆豆》　　表演角色：_____　　演员姓名：_____

2. 课堂写作设计

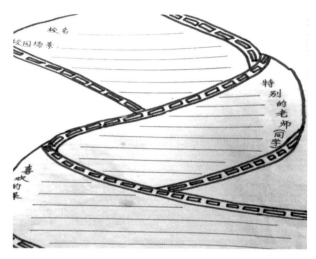

专家评价

读书从童年开始

在教育呼吁阅读的时候，老师将整本书阅读与技术相结合，进行了为期 2 周的班级共读一本书教学活动。与传统的整本书阅读相比，他们将论坛分享前期阅读，制作预告片展示相关情节，小组或家庭制作影片展示理解，最后与全体老师和同学分享阅读感受并写出未来学校的设计。

在展示课上学生通过 3 个环节进行精彩展示

（1）执教老师善于利用已有资源。这节课老师充分利用了听课专家和教师的资源，给每个学生一个展示的机会。这个设计源于 iPad 的课开课时，班级的学生都特别希望展示自己的作品，希望得到别人的肯定。在平时，学生要经过多次努力才能获得一次展示的机会。在这次课上，笔者看到了老师的精心设计，为了不让每个学生失望，给予每个学生在听课老师面前展示的机会。老师就像一个好的将军善于利用地形一样，把握资源的能力让笔者佩服。

（2）在这节课上，学生的状态非常棒。他们大胆、自信，挨个找老师去推荐自己。这是多么难得的一次挑战与成长。难能可贵的是，每个学生都在动、在思考、在参与，表现积极。一个让学生参与思考而又充满幸福的课就是一堂好课。

（3）另外一个让笔者很震撼的场景是学生写作文的状态。通常学生对于写作感受痛苦。但是今天你们看，当老师让他们下课离开的时候，他们自发要留下，他们要写完自己的作品。对于这个以往痛苦的事情，他们却高兴得不得了。我也一直在思考，到底这样的课堂给了他们什么，让他们能如此投入。

（4）给了学生一个深层次的小组合作机会。我们平时的课堂小组合作只限于课堂讨论，但是很少给他们延展到课外的合作机会。而这次课，我们看到了一组

4 人为了能获得一次展示的机会，合作完成了一个小视频，他们分工中有导演、有编辑、有美工，有剧本。集体表演相互配合，只因为 iPad 自带的影视制作模版，制作的视频当然很精美。这种合作，我感觉是非常有效的，而且集体的展示，让其他学生也见识了合作的方式的不同。而所有的这些都是因为老师运用技术精心的教学设计，给学生创造了不一样的学习环境。

成都市锦江区名师工作室　童琳　杜玉　涂海洋

史记阅读：摩灯平台下的课外阅读指导——《史记》

教学理念

《语文课程标准》指出，小学语文必须高度重视引导学生进行课外阅读，并对各年级学生的课外阅读量做了明确的要求，小学高年级课外阅读教学旨在提高课外阅读能力。《史记》是一幅全景式的历史画卷，内容丰富，故事性极强，学生有阅读的兴趣，而且白话文自己也能读懂。本节课的教学重点在于激发阅读历史故事书的兴趣，让学生在"读好书，读整本的书"的过程中体会与享受读书的快乐。这节课外阅读指导课，充分体现了自主阅读的思想理念。

教学目标

（1）从《晏子使楚》引出《史记》，让学生初步了解《史记》内容梗概及作者，并知道同一种书有不同的版本。

（2）通过指导自读，锻炼学生的概括能力，培养读书做笔记的习惯。

（3）指导学生归纳"读好书，读整本的书"的基本方法，并实际运用到课外阅读中。

（4）让学生真切感受到读书的快乐，激发学生继续阅读的兴趣，养成良好的阅读习惯。

（5）了解《史记》对弘扬中国民族历史文化方面的贡献，培养学生的民族自尊心和爱国热情。

（6）让学生在网络中认识更多有益的课外书籍，从而进一步提高课外阅读的兴趣养成良好的阅读习惯。

（7）进一步培养学生信息技术操作能力，能充分运用网络资源帮助自己的学习。

（8）通过魔灯平台，阅读电子书籍相关内容，完成学习任务。

教学重点

（1）激发阅读历史故事书的兴趣，让学生在"读好书，读整本的书"的过程中体会与享受读书的快乐。

（2）能从网络中收集信息有效阅读一本好书，从而提高学生课外阅读能力。

教学难点

（1）锻炼学生的概括能力，指导学生归纳阅读方法，培养读书做笔记的习惯。

（2）学会在网上与学习伙伴交流读书的方法与心得体会。

教学过程

谈话导入，激发兴趣

（1）同学们，我们学习了《晏子使楚》，了解了历史上智慧人物给我们带来的震撼，下来我们很多同学们对《史记》也产生了浓厚兴趣，那谁来谈谈是怎样读《史记》的呢？

（2）今天我们就通过魔灯平台，学习网络相关资料。

（3）前期我们学习过魔灯平台，你认为能带来哪些方便？

快速阅读　同伴交流　名家借鉴

（4）同学们，那今天我们借助这样魔灯平台的优势，来共读经典书籍《史记》。

把握《史记》线索——行走在历史长廊，感受风云变幻

（1）这样一本好书，是一套故事化的历史读物，以年代为顺序，从五帝到西汉，运用小故事，展现了三千多年波澜壮阔的历史发展过程。阅读其中一个个历史故事，就能使我们具体了解中华民族的历史是多么悠久，祖国的文化是多么璀璨。

【设计意图：让孩子们从心底亲近这位作家，从而爱上他的文字，爱上他介绍的故事。】

（2）①你知道司马迁是何许人物吗？

②想更多地了解司马迁吗？请收集司马迁故事的同学向大家介绍作者情况。

③再谈司马迁：听完司马迁的简介，又给你留下了什么印象？（作品丰富，成就颇丰）

就是这样一位成就瞩目的人，给我们带来了这部文学的精品。怀着对司马迁的敬意再读一读书名。

【设计意图：通过介绍，激发孩子们对司马迁的作品有更深的了解，生发敬仰之情，从而亲近作者，走进其描述的历史。】

（3）朝代：五帝夏商西周、春秋战国、秦、汉四个时期，让我们感受这历史长廊里的风云变幻。

（4）小结过渡：我们看到祖国的历史是多么的悠久，祖国的文化是多么的灿烂。这历史的精华，文化的精髓都被浓缩在这本书里。

【设计意图：任何一本课外读物，对于小学生来说，都不需要面面俱到，只字不漏地阅读。这就需要相应的阅读方法，来读好整本书。】

人物分析——人物长幅，千姿百态

（1）这么多的历史故事，汇聚成了我国悠久的历史文化，还有更多精彩绝伦的故事，都汇集在这本书里。同学们是不是已经迫不及待地想来打开书一看究竟了，这里老师可推荐在线阅读。

（2）在《史记》故事中，人物非常多，司马迁用"本纪""世家""列传"将人物分类介绍，你所读的人物是属于哪类呢？

人物分析——典型人物，项羽专访

（1）原来在史记中，不仅有朝代的线索，还有人物分类的线索。

（2）教师总结读好一个故事的读书方法。（文章内容应理解，读书感受能标注，好词佳句常积累，历史知识要记牢。）

（3）同学们总结了这么多的读书笔记，很不错。可有的时候书是借来的，不能在上面随意批注，怎么办呢？可以运用我们经常用到的课外阅读的好方法：用读书积累卡。

书　　名		篇名	
文章内容			
好词佳句			
历史知识			
读书感受			

【设计意图：我给学生提炼出的读书方法是以诗歌的形式呈现的，文章内容应理解，读书感受能标注，好词佳句常积累，历史知识要记牢。总之，伴随着思考的读书，才能真正收到实效。让学生在阅读中记清所读书籍的书名、主要内容、相关知识，摘录重要词、句、段，写出自己的感悟、收获，这样就能把读书和生活结合起来。】

阅读方法，巧订计划

现在我们就来运用这些读书方法阅读这个故事吧，可以和小组的同学交流一下读书心得，看看从中能有哪些收获。

【设计意图：新教育实验的倡导者朱永新教授也曾说过，理想的教育应该重视让学生与书本为友，与大师对话，在人类优秀文化遗产中净化自己的灵魂，升华自己的人格。实施有效的人文教育，一定要让学生养成热爱读书的习惯。】

拓展全书阅读

（1）过渡：同学们已经很好地掌握了读好一个故事的阅读方法，并能在阅读中有所收获。一张小小的、有个性的、有创新的读书积累卡，跨越时空，缩短了同学们与历史距离。但要想读好整本书，这些方法还是有些欠缺的，针对整本书的阅读，同学们还有什么好的建议？

（2）进一步引导归纳总结读好整本书的读书方法：

（序语、后记要通读，翻阅目录晓内容，浏览精读相结合，多读多思知识多。）

【设计意图：可见书籍除了丰富的知识外，最重要的是让心灵和思想得到成长，从而培养学生的人文素养。可以这样说，一个人的阅读史就是他的精神发育史。发动学生创造性地开展读书活动，努力创设浓郁的阅读氛围，激发学生的学习兴趣，引导学生亲近书本，喜爱读书，学会读书，养成热爱书籍，博览群书的好习惯，这才是我们课外阅读指导课开设的真正目的所在。】

小结延伸

（1）今天老师领着同学们走进《史记》，走进历史，我们会开阔眼界；通过总结历史，我们会更智慧。我们学校的图书馆就有不少版本的《史记》，同学们可以借来通读，推荐一个《史记》在线阅读网址，你们也可以在电脑上进行阅读。

老师希望同学们养成读书习惯（板书：读书要成习惯），在接下来的日子里，运用科学的阅读方法，潜心阅读《史记》，让我们一起把书里蕴含的故事读得更深、更精、更细。

（2）今天的课外阅读课，同学们有哪些收获和启迪呢？

（3）我希望同学们能运用学到的读书方法，持之以恒，读完整本书，在读中悟理，读中增知。最后让我们共勉一句：课内得法，课外活用。（板书：课内得法，课外活用）

（4）随着我们年龄的增长，知识的丰富，我们对这本书的理解和感悟会越来越深入，越来越透彻，要想达到博古通今，我们需要一生来通读这本书。

【在阅读的过程中潜移默化地教授给学生一些阅读的方法，培养良好的阅读习惯，激发阅读兴趣。例如对于人物评价的一些方法，等等，从而可以更好地阅读剩下的内容。】

订计划，整书阅读

在读书的过程中，要学会把历史当作一面镜子，多借鉴，多思考，因为"以史为鉴可以知兴替"。

出示阅读要求：

（1）阅读时间：四周（根据时间，目录章节先订计划）。

（2）阅读要求：中华民族是一个有悠久、灿烂文化的民族。了解祖国的过去，才能更加热爱祖国的现在和将来。只要同学们读完这些历史事件和人物的介绍，一定可以开阔眼界，启发智慧。所以，老师希望大家能持之以恒，读完整本书。

（3）结束：最后送给大家一首小诗，希望同学们爱上阅读。

（书山有路书香使人醉，学海无涯读书志更明。让书籍引领我们成长，让知识为我们导航。愿我们一生与好书为伴，体会乐趣，收获智慧。）

【设计意图：这一环节主要就是推荐看这本书了。这一环节之前，学生的阅读兴趣已达到一个极致。教师推荐后，学生必迫不及待地要阅读】

附板书：

学会阅读　　　　　　读书要讲方法　　　　课内得法　课外活用
　　　　　　　　　　读书养成习惯

成都市锦江区名师工作室　童琳

群书阅读：基于全景平台课外阅读
——《动物史诗生命赞歌》

一部部动物史诗　一曲曲生命赞歌
《沈石溪&西顿》动物小说整体教学设计方案

群书阅读学习任务

（1）学习内容：通过网络提取信息指导，小朋友自主选择两位作家关于描写动物的一本小说或绘本。每天通过校际交流论坛按学习任务完成自主阅读并回复和相互评价。

（2）学习目标：

①学会网络围绕着学习任务收集信息提取信息。

②通过读书、积累、思考、概括、提问、对比、关联、互动评价。让课外阅读通过科技全面记载学习过程，全面反馈，相互评价，相互借鉴，共同提高。

（3）技术支持："互联网＋"的理念实现跨时空的学习和分享。实现碎片化学习与生活交际相结合。

（4）新型的学习模式和学习效果探索。

课程整体设计

课前十分钟（前置双学——学中做、做中学）连续学习一个月。每天指导交流阅读，每周专题反馈指导。

（学生前期学习）

（1）沈石溪百度百科网站信息阅读指导。（学生反馈自己选择其中一本书的理由——体验有理有据地提取信息以支持自己的观点。从7个方面阅读提取有效的信息。完成购买一本书的理由——学会网上推荐方式：推荐语、简介、目录、出版信息……用一句经典的话推荐这本书。）

①对照阅读：书中的出版说明、总序。

②沈石溪（百度百科阅读——学术类阅读推荐理由）。

③怎样购买一本书？（当当网推荐信息阅读——商业类阅读推荐理由）

（2）西顿网站搜索方式：西顿关键词→点人名→阅读人名（动物小说体裁开创者）→动物史诗，生命赞歌：充满生命的尊严。

（3）PPT 完成中西作家的对比。引导学生将中国优秀的动物小说翻译成不同语言，让世界更多的读者了解和阅读中国的动物作家作品。

课时教学目标

通过网页阅读，学习不同作家提取信息的不同方式。学会通过网络丰富的资源帮助自己思考。对照前言和总序了解阅读一本书获取相关信息的不同渠道。

通过群书阅读，借鉴国外读书笔记的方式，学会概括提炼做成读书笔记，有思考，有关联，有深度，有批判。

将群书阅读与技术融合，学会通过技术展示自己的思考。

教学流程

1. 分享——前期作品

（1）同学们，这一个月我们一起阅读了沈石溪和西顿的几本小说，知道了怎样阅读一本书。通过前期阅读，同学们都有了自己的感受，做了多种形式的笔记，今天我们就来给同大家做一个分享。

（2）老师点评同学的作品。（学生视频、论坛记录、电子读书笔记）

过渡：在这些灵动的动物中有狼王、雪豹、大象、黄狗等。课前我从同学们的评价中发现大家对狼王有不同的观点。

（3）请说说你喜欢和不喜欢他什么？并陈述你的理由。（老师请一个小朋友把同学们的关键词打在上面。只有理由最充分的才能选上哦！）

教师引导完成全班讨论，学生现场生成电子思维导图。

2. 互动——深度交流

（1）下面请同学们从阅读的书中选择一个自己最喜欢的动物，完成读书笔记，分享在小组里。

（2）请浏览小组同学的作品，找出最能表现动物生命特质的关键词，为他颁奖。推荐一人陈述颁奖理由。

交流任务：

小组合作完成一个作品：母狼紫岚、黄狗乌利、警犬拉拉、大象嘎羧、狼王洛波等。

在这些品质中有一个最能凸显他特质的是什么？说说颁奖理由：小组推选一人口述。

（3）小组展示环节：现场电子作品展示一个组，录屏展示一个组。大众评委现场点评。

（4）只展示 2 个小组。其他未展示的小组，将在全景平台展示，大众评委做出评价。（课中课后无缝连接）

（5）配音秀现场配音——升华主题：人与自然的和谐统一。

（6）课前同学们在论坛里对 8 本书提出了一些疑问，今天老师把典型的问题放在问答里了，现在看看同学们能不能回答这些问题？如果大家还有别的问题可以再发布在平台上面，同学们也可以即时回复。

网络连线作家沈石溪伯伯。（看网络实际情况）

3. 课后提升

结束语（拓展：给沈石溪的一封信）：

还有很多同学还想和沈伯伯交流，那就把自己想说的话写下来，通过邮箱发给沈伯伯，说不定下一部作品就有同学们的构思哟！

把阅读的书和读书卡通过华西梦想基金组织送给希望小学的小朋友。

教学设计意图

学习——学生真实的生命状态。

——我为什么上 iPad 课？技术改变世界，教育刻不容缓。

课前：技术时代怎样读一本书（前期网络指导）？

读书真实呈现孩子个体的生命状态（学习过程记载）。

理念：教师是给孩子引导寻找知识的人。

培养学生批判性创新思维才是教育的核心。

课中：从书的阅读引导学生对生命的尊重。对人与自然和谐统一。

真正颠覆传统课堂的探索实践。

单纯的学习知识（读书）变为参与社会性学习（网络学习，在线交流、阅读公益活动）。

成都市锦江区名师工作室　杜玉

由于 STEAM 的推行，工作室由最初的单学科与技术融合，逐渐开始跨学科的实践，语文学科教师和其他学科教师，其他学科老师与信息课老师同堂整合授课，再在名师工作室积累的案例、反思和模板的基础上对其进一步丰富。信息技术教师深入课堂设计，并在"全景课堂"应用程序中进行任务布置、交流反馈、师生共评等新型的教学流程。由于是移动终端方式，信息技术老师可以参与到教师的远程直播课堂，并且完成全程的教学指导。新的融合教学形式越来越灵活了，不局限于实际的课堂中，而且发展到虚拟的网络上。

融合——跨学科教学案例

语文 & 科学：《树的年轮》教学设计

教学目标

（1）用科学实验观察年轮，用科学观察记录表记录。培养学生科学的观察和记录能力。

（2）阅读《大自然的语言》。了解科学知识的文学表达方式，通过自己的观察用诗歌描写。

设计思想

以人的发展为基石的课程探索。用统整的理念将科学和文学完美结合。在60分钟的长课中既学会科学观察、记录，又学会文学表达。拓宽学生视野。

教学特色

双师制，科学器材入教室，全景课堂（教学平台）支持。

教学流程：

语文老师：

（1）阅读《大自然的语言》。感受年轮这一节的内容。

（2）分析、朗读、引出年轮这一节。

大自然的语言

大树如果被砍倒，

你会把年轮发现——

一年只长一圈，

这是大自然的语言。

你如果钓到大鱼，

鱼鳞上也有圆圈——

一圈就是一岁，

这又是大自然的语言。

科学老师：

我们知道了，大自然也有自己的语言，我们可以从大自然的语言中获取一些信息，比如树的年轮。今天老师带来了树的年轮模型，我们可以一起来观察，看看大自然通过树的年轮告诉我们什么信息，仅仅是一圈一年吗？还有没有其他的信息？那么小朋友们，你们想要从树的年轮上观察什么呢？

（1）学生表达自己看法。

（2）同学们刚刚说到的想要观察的都可以去观察，你们觉得可以用什么方法观察呢？（感官，放大镜）在观察的时候我们还要记录，我们怎样记录呢？

（3）小组观察，记录。

（4）请一个小朋友给我们分享一下，你观察到了什么？

（5）教师知识点引导。

①圈数：一圈代表了一年。

②疏密：以中心点，稀疏为南，紧密为北。在北半球，树的南面向着太阳，有更好的光线，所以年轮长得肥大（就是疏）；树的北面相反，所以年轮长得密。

③宽窄：在温暖湿润的年份，树木生长快，年轮宽度大；在寒冷干旱的年份，树木生长慢，年轮宽度小。

④斑点：A. 树木受害虫蛀蚀，会小范围的受伤。树木在蛀蚀或受伤后，植物的形成层会把伤口包起来，形成一个斑点，当然这只有小伤才可以形成，如果比较严重的话，形成层不能把伤口包起来，就会形成一个缺口。B. 断枝。

⑤颜色：春夏质地疏松，颜色较淡；秋季质地紧密，颜色较深。春天和夏天，气候最适宜树木生长，形成层的细胞就非常活跃，分裂很快，生长迅速，形成的木质部细胞大、壁薄、纤维少、输送水分的导管多；到了秋天，形成层细胞的活动逐渐减弱，于是形成的木质部细胞就狭窄、壁厚、纤维较多、导管较少。

⑥教师总结。

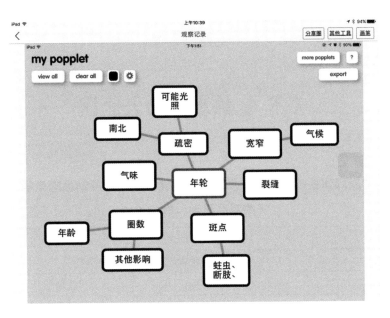

（6）小朋友们真能干，观察到了这么多信息，那你们猜一猜，这些可能是什么原因造成的？

我观察到的现象	我推测形成这个特点的原因	我查阅到的资料

（7）其实我们的学习方法里，有一种叫作查阅资料，等会儿小朋友就可以从资料中获取信息。我们查阅的时候要注意输入的关键词，例如，树的年轮为什么有疏有密？

（8）学生查阅资料，在全景课堂分享。

（9）我们从树的年轮上可以了解到这棵大树的一生：环境＋状态。有天然的，有人为的。这些都是经过我们科学观察—推测—查阅资料证实得知的。

（10）今天小朋友们从年轮上观察到了这么多信息，真棒！老师要恭喜你。你们知道吗？今天我们观察到的内容，可以写成 篇观察小论文啦！想知道怎么写观察小论文吗？我们先来了解，什么是观察小论文。小论文写法：选点，结构。

当然还可以像文学家一样写成文学作品。

（11）语文老师指导学生把刚才观察到的有关科学知识，用诗歌的形式来表达哦！

（12）学生写作在全景课堂分享。

美术 & 信息：功夫熊猫

"新媒体新技术教学应用研讨会暨全国中小学互动课堂教学

实践观摩活动"教学设计

基本信息				
学校	成都师范附属小学万科分校			
课名	功夫熊猫		教师姓名	斯瑶
学科（版本）	校本教材		章节	地方特色课
学时	2		年级	6

教学目标
1. 知识与能力：初步了解以功夫熊猫为特色的文创产品创作过程。
2. 情感与态度：通过产品研发，培养创新思维，感受地方文化。
3. 过程与方法：学习设计思维，以创作产品的方式表达自己的设计思维。

学习者分析
1. 学生生活经验：有美术技法基础和一定创作经验。
2. 学生学习困难点：设计稿能否创作出实物。
3. 学生学习兴趣点：能用不同材料完成自己设计的产品。

教学重难点分析及解决措施
教学重点：了解产品的创作手法。
措施：教师引导的同时，小组合作，讨论探究。

教学难点：设计稿中的产品变为实物。
措施：多了解文创产品的种类、制作方式、小组合作完成作品。

教学设计

教学环节	环节目标	教学内容	学生活动	媒体作用及分析
引入	激发学生兴趣。抛出问题	宣布挑战，赋予角色。 （真人扮演功夫熊猫进行武术表演，背景PPT：青城武术、国宝熊猫） 正如大家看到的，青城武术、国宝熊猫都是四川的骄傲，随着《功夫熊猫》的热播，掀起了旅游热浪，带动了经济发展，如今热浪已褪，如何设计新的功夫熊猫纪念品，重新带动旅游发展呢？今天我们作为未来的设计师，一起来研究设计，为家乡建设出一份力！	赋予角色	展现青城山武学和熊猫生活情景

教学环节	环节目标	教学内容	学生活动	媒体作用及分析
新授	1. 回忆美术学科设计稿的绘图方式。 2. 增加产品时代感，引入编程设计。 3. 视频播放编程方法。	设计产品需要做些什么呢？ 学生回答 我们以目前状况制定以下步骤： 1）调查。 2）清点原材料。 3）确定初步构想。 4）设计产品草图。 5）制作。 同学们还记得设计图的绘图要求有哪些吗？ 造型——新颖独特 色彩——和谐醒目 尺寸——比例适中 用途——实用 今天我们还有信息老师在这里，你的产品有需要信息老师支持的地方吗？ 信息老师用微视频讲解编程方法。 有了信息老师的支持，我更加期待你们的作品，现在就让我们先按步骤完成设计稿，调查员离开座位做调查的同时，组内两位孩子进行原材料清点，然后制定初步构想，最后完成设计图稿，开始你们的活动吧！	制定设计产品步骤，引导学生回忆——产品设计图绘制要点。 复习前期知识要点，造型、色彩、尺寸、功能。	
艺术实践	制作实践——形成成果。	小组展示设计稿，对设计稿进行修改、优化、完善。 分工合作、制作实践——形成成果。	完成作品。	用现有材料完成作品。
评价	评价展示。	介绍设计构想，从主题构想、设计创意、小组合作三个方面进行展示、拉票、投票。	评价展示。	

教学流程图

教学设计：

一、引入

入项——理解挑战，定义任务

（真人扮演功夫熊猫，进行武术表演，背景PPT为青城武术、国宝熊猫）

青城武术、国宝熊猫都是我们四川极具特色的文化瑰宝，随着动画片《功夫熊猫》的热播，掀起四川旅游热浪，带动了四川经济。随着时间推移，画片早已不再上映，如何利用功夫熊猫的形象，设计全新的富有时代感的旅游纪念物，老师将此作为驱动性问题，赋予学生产品设计者的身份。

二、新授

1. 建构——理解核心知识，形成核心技能。

（1）引导学生回忆——产品设计图绘制要点。

（2）复习前期知识要点，造型、色彩、尺寸、功能。

（3）增加产品时代感，引入编程设计。

2. 设计——确定主题。

（1）组内制定调查表，调查购买人群需求，每组指定一位市场调查员进行现场调查。

（2）清点原材料，感受了解材料特质。

（3）头脑风暴，确定初步构想，如功夫熊猫挂饰、摆件等。

（4）制定产品草图，注重设计创意，标注造型特色、色彩配置、尺寸大小。

三、活动

（1）小组展示设计稿，对设计稿进行修改、优化、完善。

（2）制作实践——形成成果。

四、评价展示

介绍设计构想，从主题构想、设计创意、小组合作三个方面进行展示、拉票、投票。

语文 & 美术：青砖上的岁月

教材分析

本课是一堂具有浓厚的地方特色的主题课，学生在学习中传承中华文化。学生通过本课学习，从画像砖上了解中国几千前的人们生活、生产、科技、经济等情景，感知中华博大精深的文化。

教学思路

本课是根据现阶段孩子的心理特点和年龄特征来进行设计的教学，在学习中感受中华民族博大精深的文化，在活动中传承并发扬民族文化。在教学中通过《国家宝藏》节选激趣导入"画像砖"。新课讲授，如何把我们的童年岁月印于青砖之上，让学弟学妹们感受到母校生活的幸福，让传统文化与现代生活相结合，让画像砖所蕴含的文化与美感得以继续传承下去。

教学目标

（1）显性目标：感受画像砖艺术，进而感悟它的历史文化内涵及其美感，结合学生生活进行创作，在青砖上以线描的形式进行艺术表现。

（2）隐性目标：提高学生的团队合作能力，培养学生的创造性思维。了解画像砖艺术，增强学生爱国主义的国情教育。

教学重点

让传统文化与现代生活相结合创作学校生活为主的画像砖作品。

教学难点

画像砖的艺术特点及表现。

教学过程

（1）导入。

视频导入《国家宝藏》。

教师：孩子们对画像砖有什么了解呢？

学生回答。

教师：四川是画像砖发现最集中的地方之一，正是有画像砖的记录，才让我们了解了古人的生活智慧。今天我们也来试试用这样的方式把我们童年的记忆留在母校，在青砖上画出属于我们的岁月，让以后的学弟学妹感受这一份传承！

（2）新授。

第一步　题材

教师：我们先来了解一下画像砖的题材有哪些？

学生学习视频。

教师：留给母校的青砖上你们会选什么题材呢？每个组确定一个题材，记录在表格中，现在请小组展开讨论。

小组汇报讨论题材。

第二步　画面设计

教师：我们以小组为单位进行创作，那么每组青砖最后会以什么形式呈现，我们先看看古人的智慧（观察汉砖拓片），在传承古人智慧的同时，老师更希望看到你们的创新，请本组同学思考你们的画面组合形式，把讨论结果以图文并茂的形式记录在表格中。

小组汇报表格设计。

教师：整体组合方式确定了，我们下一步要思考什么呢？

学生思考并回答。

教师：每一块砖具体的内容我们需要围绕这三个方面来展开讨论，并记录在表格中。

学生讨论、汇报。

第三步

教师：怎样高效地来完成这次合作呢？请每个组制定一套合作方案。

学生小组汇报。

（3）实践活动。

教师：接下来我们就按照自己预想的计划来完成这次实践创作，画出来的青砖会砌在学校围墙上，成为母校的一部分，所以希望孩子们在创作时用真情实感来创作，现在就开始记录你们的童年岁月吧！

（4）评价。

请每组孩子上台展示自己小组的作品，并介绍作品的设计想法。

师：青砖黑瓦轻吟着岁月留下的记忆，中华文明博大精深，文化的传承体现在方方面面，让民族的精髓在我们手里延续。

科学 & 信息：声音——让学校更美

教学目标

（1）学会用 Scratch 制作噪音检测仪。

（2）用自做噪音检测仪检测校园内的声音。

（3）通过测试，分析学校声音环境，为改善声音环境提出可行建议。

教学重难点

重点：用 Scratch 制作噪音检测仪。

难点：用自做噪音检测仪检测校园内的声音。

教学流程

知识回顾

（1）同学们，学校是我家，更美需要你我他，我们都希望自己的家园变得更加美好。在研究声音的过程中，我们了解到，我们校园内有时也有一种不美妙的声音——噪音。那我们能不能通过研究声音来让我们的学校变得更美？（出示图片）

（2）我们一起来回顾一下以前所学的关于噪音的知识，关于噪音，你知道了一些什么。

特点：杂乱、大声。

危害：影响睡眠，静不下心，不能思考，影响听力，加快心跳……

控制：控制振动，阻碍传播。

（3）在之前的学习中，我们科学地检测噪音，用了一个重要的工具，还记得吗？（噪音检测仪）

（4）如果杜老师今天告诉你，你可以自己制作一个属于你自己的独一无二的噪音检测仪，你想要尝试吗？下面有请我们的设计大师涂老师带领我一起来制作。

制作噪音检测仪（电脑设计）

（1）制作。

（2）介绍声波线最高、最低、平缓的含义。

（3）教截图。

测试噪音

①同学们很能干，都自己编程，设计好了噪音检测仪，那么接下来，我们就要像科学家一样，去实地探测了。现在也快要下课了，同学们觉得可以去我们校园内的哪些地方测试？

②小组讨论、交流。老师引导：教室、走廊、操场。

③我们班一共分为 10 个小组，1～3 小组选择一个教室测量，4～7 小组选择一个走廊测量，8～10 小组选择操场的一个位置测量。同学们在测量的过程中，请填写老师分享在全景平台的记录表，主要记录检测仪上声波线最高、最低处，记录在什么时间，实地状况是什么样的，也就是在这一刻发生了什么事情，使声音最高或最低。每个小组自己测量记录好后，在打上课铃时回到这里。然后将记录表与噪音检测仪上的声波线拼图上传。

	时间	实地状况
平缓		
最低		
最高		

④小组实地测量。

交流分析

（1）小组推送拼图。交流汇报，自己记录的波峰波谷或平缓的情况。

（2）通过同学们的分享，我们可以看到，什么情况下声波线比较平缓？

什么情况下我们校园的声音最美，也就是最低处？

（教室内看书、小声讨论、轻声走路……）

那什么情况下我们校园的声音最不美，也就是最高处？

（课间打闹、疯跑、尖叫……）

（3）同学们，你们觉得这个噪音检测仪好用吗？那请你们用掌声感谢我们的设计大师涂老师。

（4）通过检测，我们已经发现了校园内不美好的声源，为了使我们校园的声音更美，同学们，你们可以做些什么？或者有什么好的建议？请小组讨论，将你们的想法记录下来，分享到全景平台。

（5）小组讨论，推送。

（6）现在我们一起来看一看，各个小组的建议怎么样，请同学们在平台上为各小组的建议做点评，为你觉得建议可行的小组点赞。

（7）小组互评、点赞。

（8）我们可以看到，获得点赞数最多的四个小组是：×××。他们提的建议是：×××。下课以后，请同学们将这四个小组的建议梳理出来，交给大队部，倡议全校的小朋友按照我们的建议来实施。今天我们班的同学很能干，学会了制作和运用噪音检测仪，同时也给我们让我们学校更美提供了可行的建议。请同学们为自己鼓掌。

（9）同学们，我们的校园如此美丽，是因为有盛开的鲜花，有长青的大树，有一张张灿烂的笑脸。当然，最重要的是，同学们都有为学校献计献策的爱心。老师和你们一样热爱我们的学校，大家一起努力让学校变得更美吧！除了今天研究的声音，我们还可以从哪些方面去让我们的学校变得更美呢？让我们继续关注校园，深入研究吧！

成都市锦江区名师工作室　刘智勇　杜伯霜　涂海洋

项目化学习是在工作室最初信息化与学科融合时就关注的一种学习方式。但当时的理解不够深入，时机不是很成熟，后期工作室从国家课程框架入手，以最初的跨学科融合逐步过渡到解决真实问题为切入点。通过实践探索，工作室融合项目涉及的各科教师，把原有的教学步骤做了合并和重组，能够更适合学生的实际，形成了"TO—LO—PO—SO—GO"教学五步骤。（其中，TO是确定目标，LO是查找信息，PO是激发想法，SO是明确方案，GO是实施行动。）这样的工具，清晰明了，推广到其他学科的项目化教学中，师生执行都更规范。在项目化学习中学生小组还运用7项"思维帽"工具进行分工合作，项目过程中多位老师分期介入，随机调整。

深度——项目化教学案例

学科项目化：在这里，与成都匠心邂逅

项目名称：在这里，与成都匠心邂逅		项目时长：4 个月
学科：语文　数学　科学　美术　信息	教师：童琳　周艳蓉　黄瑛　杜玉斯瑶　涂海洋　刘智勇　巫智丹	年级：6 年级
项目序列化：生活圈 1. 我的家　　时间管理机器人、家庭服务机器人 2. 我的学校　桥的设计　　最美校园　　未来学校 2. 我的社区　神奇的拐杖　共享车位　　海绵社区		
项目来源	1. 源自国家课程 　　探究天府之都古迹环境元素项目。北师大教材语文六年级下册第二单元主题为遗迹，因此，以国家课程深入的校本化的开发为路径，把对熟悉的生活环境——成都周边的古迹中的建筑环境确立为考察目标，通过考察、研究这些古代建筑的历史和背后的故事，撰写考察报告，将语文学习与学生的生活实践相融合。 2. 源自学生真实需要 　　根据学生在面临毕业时特殊的情感需求，学生需要在母校留下自己的足迹，加之成师附小建校多年，校园设施与建筑有些地方确实有改造的空间。学习设计改造校园相关课程资源，是潜移默化的教育，是学生情感的表达与升华，是自我认知的进步。	
项目目标	人文底蕴：建构天府建筑环境的基本知识与成果，理解尊重传统文化地域特色。 科学精神：勇于探究实践反思，掌握建筑设计的基本知识。 实践创新：培养问题解决能力，团队合作能力。	

核心知识	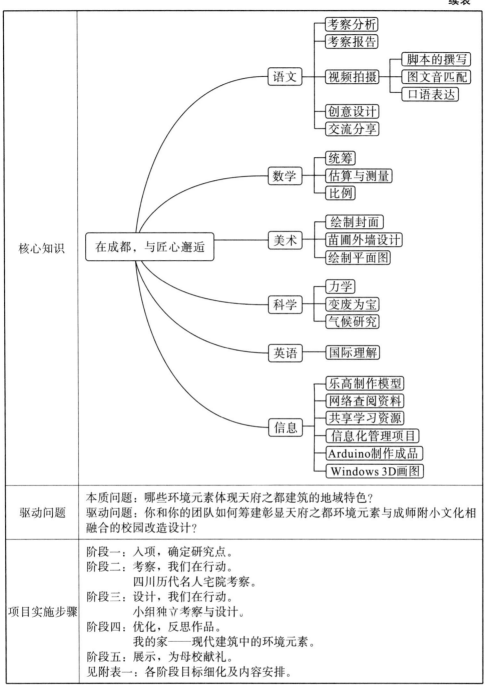

核心知识部分内容（思维导图）：

在成都，与匠心邂逅

- 语文
  - 考察分析
  - 考察报告
  - 视频拍摄
    - 脚本的撰写
    - 图文音匹配
    - 口语表达
  - 创意设计
  - 交流分享
- 数学
  - 统筹
  - 估算与测量
  - 比例
- 美术
  - 绘制封面
  - 苗圃外墙设计
  - 绘制平面图
- 科学
  - 力学
  - 变废为宝
  - 气候研究
- 英语
  - 国际理解
- 信息
  - 乐高制作模型
  - 网络查阅资料
  - 共享学习资源
  - 信息化管理项目
  - Arduino制作成品
  - Windows 3D画图

驱动问题	本质问题：哪些环境元素体现天府之都建筑的地域特色？ 驱动问题：你和你的团队如何筹建彰显天府之都环境元素与成师附小文化相融合的校园改造设计？
项目实施步骤	阶段一：入项，确定研究点。 阶段二：考察，我们在行动。 　　　　四川历代名人宅院考察。 阶段三：设计，我们在行动。 　　　　小组独立考察与设计。 阶段四：优化，反思作品。 　　　　我的家——现代建筑中的环境元素。 阶段五：展示，为母校献礼。 见附表一：各阶段目标细化及内容安排。

项目人员与分工	1. 项目书设计（童琳＋杜玉＋黄瑛＋周艳蓉）。 2. 阶段一：备课分工。 语文知识建构：（童琳＋杜玉＋黄瑛＋周艳蓉）。 结合六年级美术，认识建筑的美与封面设计：（斯瑶）。 网络查阅、搜集信息，并整理信息（巫智丹）。 建筑力学认识：（涂海洋）。 统筹与比例：（左楷）。 专家联系：杜玉。 3. 阶段二：备课分工。 考察设计（黄瑛与斯瑶）。 考察报告撰写（童琳）。 实地考察联络人（杜玉）。 考察讲解（周艳蓉）。 4. 阶段三：备课分工。 阅读资料甄别概括整理能力（黄瑛）。 考察报告的不同形式表达能力（童琳）。 共享资源培训（巫智丹与信息化管理）。 项目方案设计（周艳蓉）。 5. 阶段四：备课分工。 古文化的传承创新意识、科技环保（巫智丹）。 环保知识学习（涂海洋）。 绘制平面图（左楷＋斯瑶）。 6. 阶段五：（邓晓璐　王晶　杜玉筹备组长）。 用乐高或者 Arduino 制作成品（巫智丹）。 青砖搭建学校种植园纪念墙（斯瑶）。 方案 PK 赛（童琳＋杜玉＋黄瑛＋周艳蓉）。 毕业晚会呈现（斯瑶）。
项目周次表	
项目评价	过程评价：项目书的撰写与小组评价。 结果评价：作品呈现与小组汇报见附件二。
策略与工具	项目书（学生日志，知识清单等）

附件表一 各阶段目标细化及内容安排

阶段	阶段步骤	阶段内容	目标细化	资源配置	教师	呈现
一、确立研究点	1. 背景知识建构（通识性阅读）	1. 北师大语文教材12册二单元《古迹》。 2. 罗哲文生平小传。 3. 六年级下册《阶梯阅读》6单元。 4. 中国古代建筑欣赏（个性阅读）。	高阶思维：发现事物间内在联系。 价值观：对古迹的兴趣，历史文化的传承意识。 学科素养： （1）语文：阅读理解与思考能力，群文阅读的比较、概括能力。 （2）信息：通过网络查阅、搜集信息，并整理信息。 （3）美术：创意实践能力、文化理解能力和美术表现的能力。	专家讲座	外请	读书笔记
	2. 整理通识阅读资料	如何写文献综述			语文	阅读综述
	3. 确立研究点	制作"小组研究项目书"封面		封面设计	美术	封面
二、博客小镇考察	1. 背景知识建构，专项知识了解。	1. 古建筑的历史演变。 2. 古建筑的材料。 3. 古建筑格局。	高阶思维：设计思维。 价值观：文物古迹保护意识、民族自豪感。 学科素养： （1）语文： ①积累相关古迹常识与诗文。口语表达沟通能力。 ②同伴合作能力。 ③考察记录与报告的撰写能力、古迹游览文章撰写能力。 （2）信息：用拍照、语音等快速记录信息。 （3）科学：建筑APP。			读书笔记
	2. 考察方案	讨论考察目的、方案、人员分工、				考察方案
	3. 实地考察	博客小镇四川历代名人宅院微缩建筑群考察记录				
	4. 考察报告	考察报告的撰写			语文	考察报告
三、小组独立考察	1. 知识背景建构通识性阅读	1. 古建筑的通风、采光、排水。 2. 古建筑的审美。 3. 古建筑的人文作用与使用。 4. 古建筑的保护。	高阶思维：设计思维。 价值观：祖国历史文化的宣传继承保护意识、环保意识。 学科素养： （1）语文：阅读资料甄别概括整理能力、考察报告的不同形式表达能力。 （2）信息：小组间联系联系群，随时交流项目情况，共享资源。	专家讲座	外请	阅读综述
	2. 确立研究小项目组	1. 确立班集研究方向、小组研究小项目。 2. 制定考察目标、方案。				考察方案
	3. 实地考察	考察并做好记录。				
	4. 交流	考察报告、宣传视频。				各种形式考察报告及宣传视频

	阶段步骤	阶段内容	目标细化	资源配置	教师	呈现
四、我的家	背景知识建构		高阶思维：设计思维、创造思维。价值观：古文化的传承创新意识、科技环保、感恩。学科素养：(1) 语文——思想交流表达能力。(2) 美术——创新能力。			笔记综述
	实地考察	现代建筑中的古建筑元素延用。现代建筑中的先进元素的运用（主要在环保元素）。				各种方式考察记录
	畅想未来建筑	设计未来建筑。				设计图
五、为母校献礼	发现问题	考察校园。	高阶思维：设计思维、创造思维。价值观：古文化的传承创新意识、科技环保、感恩。学科素养：(1) 语文——思想交流表达能力。(2) 信息——用乐高或者 arduino 制作成品。(3) 美术——造型表现能力。			考察报告
	背景知识建构					笔记综述
	解决问题	讨论、制定解决方案"青砖上的岁月"设计。				方案、设计并制作产品
	设计报告	向学校申请。				设计报告、制作作品

阶段一：

天府古迹多

2. 丁丁："我先把去过的古迹写下来。在把知道的古迹写下来，最后把询问和网络搜索到的古迹写下来。"

你有别的什么方法记录咱们成都的古迹吗？

_____

_____

3. 把你收集到的古迹按一定的分类记录下来

_____：

_____：

_____：

4. 你最感兴趣的几处简介（名称、地址、时代、建筑类别、风格等）。

成都市锦江区名师工作室　童琳　周艳蓉　黄瑛　杜玉

STEAM——神奇的拐杖

"新媒体新技术教学应用研讨会暨全国中小学互动课堂教学实践观摩活动"教学设计

基本信息			
学校	成师附小万科分校		
课名	神奇的拐杖	教师姓名	巫智丹
学科（版本）	基于设计思维的项目制学习	章节	学科整合课
学时	1 课时	年级	六年级

教学目标

知识目标

运用设计思维（通用思维技能）设计改进出一款供腿脚不便人士使用的拐杖。

能力目标

1. 项目制学习的过程，就是学生不断实践创新的过程，不断发现问题、解决问题，并将自己的创意和方案转化为有形物体。设计本来就是一种蕴含创造性的行为，即突破思维定式、另辟蹊径地设计新产品。通过头脑风暴，调动团队集体的创造性，寻求多元化视角解决问题的方法。在这个过程中，孩子们的创造性得到引导和训练。用乐高制作原型，能实现学生设计的各种功能。在这个过程中，学生可以不断发现问题、解决问题。

2. 学生了解设计思维这种一般性思维工具，并能将这种工具运用到学习中。

3. 整理关键信息，并合理安排到 PPT 中，让听众能借助 PPT，更好地理解演示者讲的内容。培养孩子的信息搜集、整理和发布能力。

情感目标：

1. 设计思维的目标是"通过设计让人们的生活变得更好"，以用户为中心，不仅要求设计者对用户的需求进行观察，而且要求设计者在观察过程中进行深入的思考和学习，了解用户的习惯和真正喜好。这与学生六大"核心素养"中的责任和担当相合，要教会孩子关心社会、采取行动，教育出一个关心社会的未来公民。学生在制作项目作品的过程中，让孩子充分关注、了解了弱势群体的需求。这正是核心素养中提到的社会责任。

2. 设计思维如同黏合剂一样，将团队成员团结在一个共同目标周围。每个孩子天赋不同，不同的孩子擅长不同的事情，每个孩子在项目中都能找到自己的位置。

深度——项目化教学案例

学习者分析

1. 学生每天生活于学校、家庭，生活经验不多，对很多事只有简单的问题或答案。

2. 学生有一定的项目制学习基础，知道项目制学习是一项复杂的跨越多个学科的学习过程。

3. 学生有一定小组合作基础，但不清楚一个优秀团队的构成不是基于谁和谁关系更好，而是基于团队成员之间能力互补。

4. 学生并不缺乏创造力，但是不知道如何将自己创造力表现、保持并开发出来。

5. 六年级的孩子，绘画有一定的基础。经过一定学习，便能用自己的美术功底绘制出较专业的设计图，将知识运用于行动。

6. 学生喜欢乐高机器人，愿意学习相关知识，能用乐高器材搭建出相似度极高的模型，并实现多种功能。

教学重难点分析及解决措施

1. 教学重点：知道运用设计思维解决问题的步骤以及每个步骤的要求，并能用设计思维这种通用思维技能，创造性的解决问题。

2. 教学难点：设计思维每个步骤都不可或缺，只有做好每一步，而不是仅仅按照老师要求去做，才能设计出有创意的好产品。

教学设计

教学环节	起止时间	环节目标	教学内容	学生活动	媒体作用及分析
前置课程	第1、2课时	乐高基础知识学习。	1. 了解乐高机器人基本器材：梁、销、轴、连接器、齿轮。 2. 动手制作乐高经典作品，熟悉器材使用方法，为后面用乐高制作原型打基础。 3. 评价乐高作品。	1. 认识乐高机器人基本器材。 2. 动手制作风扇、伸缩夹、天平，并拍照上传。 3. 分享圈依次点评每组作品优点及问题所在。	1. 利用全景平台录制微课，学生在家通过平台学习微课，了解乐高基本器材，提高课堂效率。 2. 通过全景平台发布主题活动（图片＋文字），学生根据老师布置活动完成作品。 3. 学生完成作品后拍照发布分享圈，所有学生可同一时刻点评各组作品。并可随时查看点评。 4. 老师在小组活动中实时点评、评分。

教学环节	起止时间	环节目标	教学内容	学生活动	媒体作用及分析
前置课程	第3课时	同理心、头脑风暴。	1. 同理心,采访周边腿脚不便人士。2. 根据同理心,完成头脑风暴、并思维聚焦,用文字描述出自己产品。	1. 采访至少1人以上,并做好采访记录并上传。2. 头脑风暴,思维聚焦,描述产品。	1. 利用全景平台布置同理心任务,学生完成并拍照上传采访稿。2. 分小组分享,每个组内成员都能看到组员之间的采访稿。老师实时点评、评分。3. 全景平台计时功能。精准控制学生活动时间。
	第4课时	绘制设计图。	1. 学习绘制一张合格的设计图的基本原则。2. 绘制出产品设计图。	1. 学习设计图基本绘制基本原则。2. 根据设计图绘制原则和描述产品文字,绘制出设计图。	绘制好设计图后,拍照上传分享圈及小组共享,老师实时点评、评分。
	第5、6课时	作品搭建。	使用乐高根据设计图,搭建作品。	使用乐高根据设计图,搭建作品。	在学生搭建过程中遇到会遇到各种问题,有的问题是相同或类似的。老师在帮助学生解决问题的过程中,将解决方案录制下来并分享,形成问题库,孩子可以先行查看问题库,没有相应答案再询问老师。在小组分享圈中,老师实时评分。
	第7、8课时	撰写展示稿子。	撰写展示稿要点。制作展示PPT。	撰写展示稿要点。制作展示PPT。	将撰写的展示稿分享到小组中,老师实时点评、评分。

教学环节	环节目标	教学内容	学生活动	媒体作用及分析
引入——回顾整个设计过程	回顾设计思维五步骤。	设计思维五步骤：同理心、头脑风暴、绘制设计图、原型制作、分享交流。	回顾设计思维五步骤。	全景平台，出示设计思维五步骤。
同理心主题——感同身受【中国国家队展示】	学习同理心方法。	观察、交流与沉浸式体验、实际采访、角色扮演等多种途径获得用户需求。站在用户角度，考察背后的原因和真正诉求。	中国国家队展示如何通过做好同理心环节，设计出优秀作品。	全景平台，展示同理心方法。
头脑风暴——创新【智仗队展示】	明确头脑风暴原则。	头脑风暴精髓——畅所欲言，不加评判，任何想法都可能是创新的突破点。	智仗队展示如何通过做好同理心环节，设计出优秀作品。	全景平台，展示头脑风暴原则。
绘制设计图——视觉化表达【阳光霏星辰队展示】	明确绘制设计图原则。	绘制设计图与最终产品联系。	阳光霏星辰队展示如果设计图没有绘制好，会出现什么问题。	全景平台，展示绘制设计图原则。
原型制作——理论走向实践【梦想起航展示】	明确原型制作过程就是不断遇到问题，解决问题的过程。	制作原型——行动是最好的试金石。	梦想起航展示最好伸缩夹是如何制成的。	全景展示：对于每个设计点都精益求精，不断试验，不断失败，不断进步。
协同合作——团队分工，各展所长【V.C队＆邹宇航队展示】	明确作品的成功，依靠的是团队的力量。	协同合作——开放交流，各展所长。	V.C队展示如何发挥每位成员力量。	全景分享：耐心和同伴交流分享，共同进退。
分享经验——失败也是一种成功【Freefly队】	建立始终保持向上心态，乐观自信不畏艰难。	失败与成功——成功经验分享很容易，能分享失败需要更大的勇气。	Freefly队展示面对失败他们是如何做的。	全景分享：我们要在前途未知的情况下，还可以自我规划管理。不管如何，要尽最大努力。

"新媒体新技术教学应用研讨会暨全国中小学互动课堂教学实践观摩活动"教学反思

学校	成师附小万科分校		
课名	《拐杖设计分享会》	教师	巫智丹
学科	信息技术、美术、乐高整合课	年级	6年级

1. 应用了哪种新媒体和新技术的哪些功能，效果如何？

(1) 全景平台课程管理功能。可增加多个课时，每个课时下可增加多个内容。

(2) 全景平台分组功能。每个环节都全班分组，团队合作，每个组可指定一名组长。

(3) 全景平台微课录制功能。直接录制微课，全班分享。全景平台可直接录制微课并分享给上课的每个孩子，让孩子在课后通过平台学习，提高课堂效率。

(4) 全景平台分享圈功能。作品拍照分享、小视屏录制分享。每个同学都可以查看分享、并点评。

(5) 全景平台计时功能。精准控制学生活动时间。

(6) 全景平台分组创建主题活动功能。每个小组都可独立创建主题活动。

2. 在教学活动应用新媒体新技术的关键事件（时间3~8分钟，每节课2~3段），引起了哪些反思（如教学策略与方法的实施、教学重难点的解决、师生深层次互动，生成性的问题解决等）。

学生过程性资料的保留和过程性学习的评价一直是项目制学习的重点和难点所在，全景平台的小组主题活动创建功能，基本解决这个问题。通过分组创建活动主题，学生不仅能在主题活动中分享视频、图片、文字，老师也能对整个活动进行评价。美中不足的是，保存资料无法分类，不能上传 Office 文档。

学生分享圈微视频分享功能。在原型制作过程中，学生会遇到很多类似甚至相同问题，可以通过分享圈录制微视频，形成问题库，学生自行查找，提高课堂效率。

3. 新技术应用于教学的创新点及效果思考（教学组织创新、教学设计创新等）。

(1) 全景平台分组功能。全景平台可以在每个环节中都进行一次分组，每个小组都可独立创建主题活动。小组成员在主题活动中分享相关资源，老师对主题活动进行评分，过程性评价。

(2) 全景平台分享圈功能。每个教学环节都有一个独立分享圈，因此，可实时录制老师解决问题的小视屏放到分享圈中，学生在遇到问题时，可以先看老师分享的问题解决视频，若还无法解决，可再询问老师。

(3) 全景平台课程管理功能。可在一个大主题下建立多个课时，每个课时又可以建立多个任务。对于项目制学习这种课与课之间相互联系很紧密的课程学习来说，这样老师备课和管理都非常方便，一目了然。学生查询之前课程的资料也很便捷。不用再像以前一样，每个学生准备一个资料袋，存放学习过程中的所有资料。

4. 对新技术的教学适用性的思考及对其有关功能改进的建议或意见。

学生分组主题活动功能，保存资料无法分类，不能上传 Office 文档。

分享圈录制视频，可以进行整理分类，这样能更便于学生查询。

项目化课程：共享社区　分享生活

——解决小区停车难问题

　　"共享社区，分享生活"源于当下的一个热词——共享，共享已成为一种势不可挡的社会发展趋势和社会常态，在这样的大背景下，学生所熟悉的社区未来会以一种怎样形态出现呢？成师附小是万科小区的配套小学，作为社区小学，同学们既是同学，又是邻居，社区是孩子们共同的家，我们的项目是要解决我们社区生活中真实存在的问题。基于以上两点，我们确立了"共享社区，分享生活"这个项目主题。

我们能做什么？

　　经过三年级 214 名同学对社区不同年龄段居民第一轮的"社区最不方便"的社区文字调查统计后，孩子们发现"社区最不方便"的方面聚焦在了"停车""买菜""出行""购物""餐饮"五大问题上。

　　在初次调查的统计结果基础上，学生设计实施第二次"社区最不方便"的调查，此次调查不仅从文字中调查社区居民的意见，而且以图片采样的方式收集社区中现实的实景情况。

　　对于平时以"读读""抄抄""背背""算算"为主要学习方式的孩子们，和同龄人的沟通已经不是每个孩子擅长的，而面对小区不同年龄层次的陌生邻居来说，如何开场、如何让别人接受自己调查，更是一次挑战，更别提在中学阶段才设计的统计、总结能力的数学能力。

为什么做？

　　根据前期两次调查，学生们经过两次调查"数据分析"、结合自己及家庭在社区生活中面临的问题，在班级汇总时开展"头脑风暴"。从数据分析、自身需要、家庭希望等方面进行汇总、讨论、争论、坚持、妥协，最终将问题聚焦在了"解决小区停车难"问题上。

一个看似简单的选择，逆向思维，去寻根溯源，教会学生的不仅仅是分析问题，沟通、表达的能力，更是在团队中的坚持自我和放弃妥协的真真实实的团队协作实践！

怎么做？

有了目标，那么产生这一问题的原因是什么？学生再一次走进社区，用"采访邻居""物管调查""现场拍照""自己家庭总结"等方式进行实地考察研究、总结、汇总、最终归纳为"车多""车位用地少""管理不善"这三大问题。再通过这"三大问题"的途径逆向思维，寻求解决方案。实现思维的严密和逻辑力、连贯性的建构。

一系列的发现、思考、探寻、追问、再发现、总结后，孩子们的表现总是令人吃惊的！孩子们在遵循头脑风暴畅所欲言和不加评判的原则下，提出了五花八门，在我们眼里看来是不可思议的解决停车问题的方案，厚厚一叠，不少于 100 个的奇思妙想。我们坚信，任何一个想法都可能是创新的突破点，孩子们第一次发现自己的异想天开，是一种设计，一种创新，从中收获到了创造力的自信。

同学们在彼此之间寻找到创意的相似点，再一次地自主组合。把原本一个个相似却不同的点子进行一次次的组合、分类和价值衡量，最终优化方案，做出最佳选择。学生在这个"思维发散"到"思维聚合"的过程中，实现了从"创造多种选择方案"到"做出最佳决定"的转变。实现初步阶段的最佳"配置"。形成了"磁悬浮停车场组""摩天轮停车场组""折叠汽车组""阳台停车场组""平台停车组""生态停车场""无人驾驶组""超级泡泡群组"。

分享设计、优化预案

学生通过画设计图、初拟方案、PPT 演示等形式，将自己的设计构想描绘出来。在之后的"我为停车献计策"的分享课堂中，各个小组分享自己的设计方案，其他小组的同学担任大众点评，分享组现场根据"大众评委"对他们的方案提出质疑，现场答疑。在这一过程中，问题促进设计方案的改进。

同时，我们的"校外辅导员导师——建筑专家赵叔叔"对学生的设计稿进行点评，并指出有待改动之处。各个组对自己的设计进行进一步的改进。

一组组的讲解演示、一次次的质疑、一次次的答辩……孩子们锻炼的不仅是团队合作力和口才，更是"逆向思维""批判思维"等高阶思维！

产品引资会

经过上一轮的质疑、讨论的小样分享交流会，各组再一次将自己的构想进行了改进，甚至开始了组与组之间的合作。他们为课程展示中的最终环节努力着！

在课堂表现的最终环节中，学生选择不同的材料，将之前具有蓝图性质的平面设计图纸转换成立体多维物化的模型。

说"模型"两字简单，但是真正要在现实中实现"磁悬浮"的车辆漂浮、"生态停车场"的二氧化碳和氧气的可视物理真实转换；"楼顶阳台停车场"的空间组合变化；"摩天轮停车场"，天啊！停车的摩天轮怎么做？"无人驾驶"和APP的模型……作为老师的我已经是真正的"爱莫能助"！

但是，孩子总是能带给老师们一次次的惊喜，甚至惊叹！

"磁悬浮组"利用强烈磁铁的两极和线圈磁场搭建了集绿化和地面面积使用率极高，且"车模型"悬浮的模型。

"生态停车场"用真实的泥土、真实的植物、仿钢结构和螺旋转盘形式搭建了一个二氧化碳、氧气转化的模型实例。

"摩天轮"组运用了平时玩耍的"小磁片"搭建了摩天轮基础，并借鉴"磁悬浮组"原理，运用磁力，将"车辆"一个个吸附在摩天轮上。

最让人惊叹的莫过于"无人车辆"和"超级停车泡泡群"的组合了，对于这个模型，作为老师的我，实在想不出任何解决办法。然而他们，不仅利用乐高制作了"模型车"，其中三个孩子还自己为模型车编写了程序，放在手机上遥控。他们给模型车加上了"太阳能"板，在原来"无人驾驶"这个已经炫酷的想法上加上了"环保新能源"的概念。"

"超级停车泡泡群"更是自豪地拿出了已经上市的"共享车位"APP，原来在这个系列课开始时他们提出这个设想，并且在2017年3月完成这个初步设计图和方案。然而，在4个月后的2017年7月，先后5~6家"共享车位"APP先后推出市场，而他们的使用方法和流程，和这群当时只有小学3年级的学生的设想几乎完全一致！

最让人感动的是"阳台停车组"和"天台停车组"的组合，这个就各有8~9人的大组合并后人数达到了17人之多，在前期就怎样让车上楼的解决方案就各抒己见，最终团队在一次次的磨合交流中统一。建模更是经历了"软纸张""木料""泥塑""单纸壳""复合纸箱"等多种材料的尝试，一次次失败的经历，让孩子收获的不仅仅是日渐成型的模型，更有对材料学的认识、对空间组合的构建力的组合、接榫结构的研究……更有在这个大队伍中怎样共同朝着大目标齐心协力下不为人所知的求同和存异、坚持和放弃！在最终的演示中，这个17人的大组由于人数太多，我建议组长不都站上台去，这样会影响他们演示效果。组长看着我点点头，可是最终，让我最感动的是这 17 个孩子都齐扑扑站了上去，有的侧着身子，有的蹲在演示稿两边……那一刻让我动容！课后我问组长，组长理直气壮地说："我们是一个团队！"

是的，这一个个团队，在一个个挑战面前，在一次次的彼此质疑中，在一番番思维与智慧的较量中，成长了！

我相信，这种饱含着智慧、知识、能力、情感的成长，能让他们有足够的勇气和能力，面对未来，那让人激动人心的挑战！

成都市锦江区名师工作室　李青

项目化课程：融合——"丝绸之路"游戏化

项目名称："丝绸之路"游戏的设计与制作

实施人及对象：成师附小万科分校六年级四班全体师生，校外专业机构有陕西博物馆、敦煌博物馆、成都市锦江区深度学习的 12 所学校核心团队。

教师团队：

李　青　　（总项目课程设计、推进及实施）

邓静怡　蒋欣怡（设计实施课程和评价）　　左楷　易娜（数学课程实施与评价）

斯瑶（美术课程实施与评价）　　　刘智勇（编程课程实施）

特别顾问：毛睿滢（纽约大学在校学生）。

项目周期：

2019 年 6 月至 11 月，从确定项目选题，设计内容，活动开展到阶段成果展示，历时 6 个月。

活动过程

阶段一	阶段二	阶段三	阶段四	阶段五	阶段六
提出问题 确立主题	构建小组 明确分工	调查问卷 聚集项目	考察研学 真实体验	设计制作 完成作品	扩大推广 传承文化

1.提出问题	1.构建小组	1.调查问卷	1.前置阅读	1.聚集子项目	1.走进班级
2.观察生活	2.明确分工	2.市场调研	2.实地考察	2.拟定方案	2.召开发布会
3.确立主题		3.聚集项目		3.制作产品	

项目动机：

"丝绸之路"在中国历史和地理位置上，都占据着十分重要的地位。它源于西汉时期，以长安（今西安）为起点，途经甘肃、青海、新疆，横贯中亚、西亚，并连接到地中海各国的陆上通道。它承载着中国丰富的历史文化底蕴，见证了中西文化交流的历史变迁，是学生了解各种地理风貌、体验不同风土人情、感受历史演变的绝佳之地。

项目结构及内容：

通过老师对项目主题的研究，将"丝绸之路"分为丝绸之路上的人文、丝绸之路上的艺术、丝绸之路中的科学、丝绸之路中的技术和丝绸之路中的数学五个方面的研究方向。在历史的发展中，各个领域的知识与技能，情感态度、价值相互融合、相互影响、相互促进着。直到今天，与现实生活也息息相关。

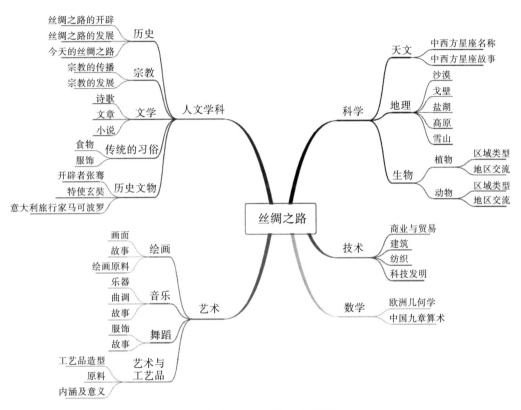

"丝绸之路"相关知识结构图

"丝绸之路"上的人文

两千多年前，有一条路，东起我国的汉唐古都长安，向西一直延伸到罗马。这条路，承载了无数的骆驼与商旅；这条路，传播了东方的古老文化；这条路，传承了东西方的友谊与文明。它是东西方文明交往的通道，承载着中国与西方世界古代经济的繁盛和绚丽多彩的文化交流。有事件，有时间，有地点，更少不了的是穿行在其中的人及他们所经历的故事、所带来的外来文化影响。无论是两千年前张骞开辟"丝绸之路"的历史，一千多年前玄奘西行从印度带回佛法，再或者在这两千年间往来其中商队所传递的西方宗教文化……都在这里交汇、融合。

"丝绸之路"中的科学与技术

古时，沿着"丝绸之路"，中国人最先栽培的水稻、粟和大豆等作物，丝绸、瓷器、纸、火药、指南针等重大发明，传播到亚洲其他地区，乃至欧洲等地；而小麦、棉花、玉米等作物栽培技术，酿酒、制糖等工艺，以及天文仪器和历法等西方科学知识也传入我国，先人们交往交流、互通有无的科技文明对话，有力促进了中国与世界文化文明的发展和繁荣。

"丝绸之路"上的艺术

古"丝绸之路"充满艰难险阻，而蕴含着艺术要素和审美特质的物质交流，从一开始就以艺术的特殊语言诉说人类共同友好的话题。温润绚丽的中国丝绸，精美绝伦的中国瓷器，神秘的阿拉伯地区青金石制品，造型多样的中国青铜器和各类金属工艺品，以及波斯纺织地毯、毛毡制品、民族服饰等风格迥异的草原艺术，还有附着于建筑造型、装饰纹样、雕塑风格、绘画技巧上的来自意大利、波斯、印度等多地艺术要素，都以特殊的交流语言和方式，沟通了东亚、中亚、西亚、南亚、北非和欧洲的联系，见证着艺术的繁荣。

"丝绸之路"中的数学

中国数学通过"丝绸之路"传播到印度、阿拉伯地区，后来经阿拉伯人传入西方。西方演绎数学传统的基础几何学传到中国，它们东西辉映，共同促进了世界数学文化的发展。

设计并制作"丝绸之路"游戏相关能力结构图

项目日志

项目内容

1. 提出问题，确立主题

（1）学生提出问题：毕业之际，送份什么样的礼物给母校可表达爱与关怀，责任与担当。

（2）确立主题：以毕业礼物为驱动，以桌面游戏为触发，引导孩子设计制作一系列以某种文化为背景的桌面游戏作为毕业礼物送给母校。

（3）课程引导、积淀文化：老师利用社团课时间将课程整合，开设了"丝绸之路"地理地貌及动植物关系的科学课程；"丝绸之路""诗词赏析""历史人物赏析""武侠小说中的'丝绸之路'""《马可·波罗游记》品读"等文学课程；"丝绸之路""建筑大不同""服饰大不同""食物大不同""土豆走过的路"等探究发现课程；"丝绸之路"相关的"东西方星座对比""东西方星座的故事"等天文学课程；"丝绸之路"上的"图腾的密码""花纹的身份证""泥与火的传说——瓷器""壁画中闪耀的青金石""敦煌壁画中的乐器"等艺术课程。为学生全面了解"丝绸之路"做知识储备。

2. 调查问卷，聚焦项目

（1）调查问卷，了解需求。

在学习积淀的同时，学生走进校园，观察学生课间的休闲方式，随机走访，调查、统计、分析学生现有的桌游使用情况。

通过数据统计发现：低年级很多小学生课间找不到什么好玩的，只能选择和同学追逐打闹，且对桌游没什么了解与兴趣。

（2）市场调研，了解现状。

走出校园，来到周边超市，了解市场上现有桌游的品牌、类型。学生发现：市面的桌游多为娱乐性的，缺少文化内涵。

3. 讨论交流，聚焦项目

经过大量的教师引导式学习和课后学生自主的资料查找、论证、交流学习，学生对这条无论是在历史的纵轴和地理的横轴上都相当广阔的"丝绸之路"，有了一个基础轮廓的勾勒。

经过市场调查、问卷采访，综合评价、反思质疑等一系列总结梳理后，学生对自己将要设计的游戏有了一个基本预想。

4. 构建小组，明确分工

可以选择哪些主题内容进行设计呢？孩子们通过讨论交流，结合兴趣以及前期知识储备，以及自己的优势，学生进行了基于 SWOT 分析法下的自由组合分工，成立了五个彼此内容、形式完全不重合的子项目组。

5. 考察研学，真实体验

课本资料中的内容固然丰富，但同时也给学生带来无限的遐想，和许多疑问、困惑。

（1）研学前置学习：对比阅读中感悟。

在阅读地图指引下，学生自主阅读，线上通关打卡，讨论交流。

（2）考察研学：真实中体验。

实地考察，完成研学手册。

在进行了大量的阅读、查找资料、交流探讨后，孩子们根据自己认知下的"丝绸之路"，提出了心中的疑问。

在对疑问进行交流、碰撞后，学生们带着尚未解决的问题和满满的好奇心，开启了"丝绸之路"的研学之旅。

研学第一站：西安　丝绸之路起点研学考察。

研学第二站：敦煌　丝绸之路　河西走廊的研学。

6. 设计制作，完成作品

（1）聚焦项目。

在问卷调查、市场调研、实地考察之后，结合前期阅读研学的体验，小组讨论交流，围绕总项目，聚焦了子项目。（见下图）

（2）拟订方案。

老师引导，学生设计并完善了小组方案。老师引导，学生设计并完善了小组方案。

（3）制作产品。

丝路大冒险组（历险桌游组）

桌游主题：如何展示丝绸之路的自然环境和人文文化？

成员：孙溪若、彭思瑜、唐博源、刘劲纬、张亦凡、周芯仪。

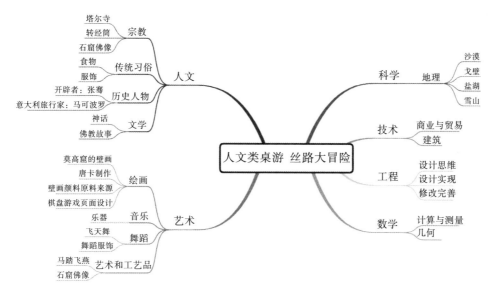

丝路大冒险组　设计制作相关结构图

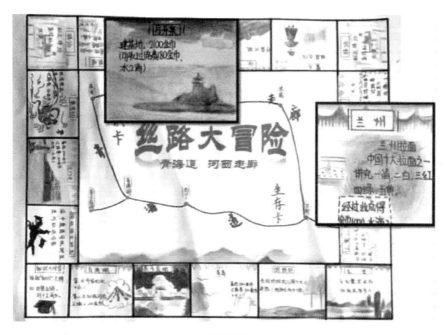

桌游页面

孙小妹　　豆小丁　　张小凡　　唐小雕　　多多姐

基于团队成员形象的游戏人物设计

部分涉及的人文、地理或风俗的游戏环节如下图所示。

地理：戈壁　　　　　地理：月牙泉　　　　工艺品：马踏飞燕

莫高窟壁画颜料原产地　　雪山上保护眼睛　　　　沙漠求生

西游之路（编程电脑游戏组）

项目主题：如何在编程游戏中演示"西游记"的故事？

成员：龙音希、王妤涵、虞卓凡、梁家瑞、黄嘉玮。

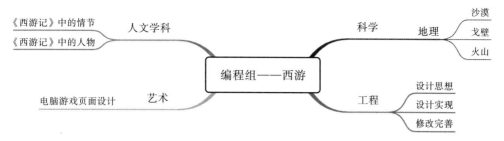

西游之路组　设计制作相关结构图

飞天取经组（文学故事类桌游组）

项目主题：如何在角色扮演桌面游戏中表现《西游记》中的文字故事。

成员：韩知妤、王俪诺、曾佳怡。

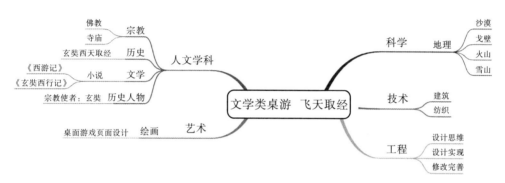

飞天取经组　设计制作相关结构图

丝绸之路（对抗式桌游设计组）

项目主题：如何在丝绸之路的历史背景下再现战争与冲突？

成员：庞廷瑞、杨谦一、冯奥成、牟卓、李鸣乔。

丝绸之路组　设计制作相关结构图

丝路商人（等量代换类财商系列桌游设计组）

成员：金宸、张跃龄、施展、曾唯果、史钰涵。

项目主题：如何再现丝绸之路的商贸？

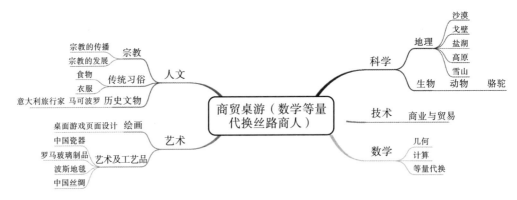

丝路商人组　设计制作相关结构图

7. 推广成果，传承文化

以项目组为单位，设计广告宣传单、制作宣传PPT，利用下课时间、早会时间进入到各个班级进行推广。同时，召开产品发布会，向更多的人推广丝绸之路桌面游戏，让更多人在玩中了解丝绸之路，感受历史文化。

8. 项目评估

项目教学法是在老师的指导下，将一个相对独立的项目交由学生自己处理，信息的收集、方案的设计、项目实施及最终评价，都由学生自己负责。整个项目学习的过程中，需要学生综合运用所掌握或探寻到的知识，运用多方面的能力，解决问题，最终呈现项目成果。而评估是在学习过程中学生综合能力成长的导向。

阅读后观点表达　　　　　　　　样片发布会个人评价

《丝绸之路》桌游设计样片发布会

评委：

组别及评分项			"诗"绸之路	飞天取经	丝路大冒险	丝贸商人	西游之路
内容	主题呈现完整	10					
	内容逻辑清晰	10					
	亮点突出	10					
表达	表达清晰结构分明	10					
	具有感染说服力	10					
高阶思维	分析力	10					
	评价能力	10					
	创造力	10					
合作力	分工合理	10					
	协作效率高	10					
	借助其他载体	10					
总分		110					
名次							

样片发布会　团队评价

8. 基于项目的学习社区

顶层设计

建立课程设计和技术团队，整体构建课程
结构和内容，确保课程的推广和实施。

跨学科研究

打破教师在特定学科组工作的原有教
学模式，尝试开展跨学科项目活动。

社会推广

在校内、校际、社区和家庭中
测试和推广项目

社会资源整合

合理整合家长专业资源，社会博物
馆资源、网络专业资源，形成多角
度的项目研究顾问团队。

区域培训

全国近100所学校代表进行了
报告、交流和培训。

顶层设计

组建课程设计及技术团队，整体构建课程结构、内容，确保课程的推进和实施。

跨学科研究：打破教师在特定学科小组下工作的原有教学模式，尝试与跨学科项目小组开展活动。

社会资源整合

合理整合家长中的专业人士资源、社会的博物馆资源、网络专业资源库，形成多元视角的项目研究顾问团队。

区域培训

校方为全国教师培训基地校、成都市骨干教师培训学校、锦江区校长培训基地校、锦江区"深度学习"核心学校，在各级教学研究和培训中，作为基地及核心学校，"丝绸之路"游戏设计及制作项目在全国及区内近100所学校中进行了汇报、交流和培训。

社会推广

"丝绸之路"游戏设计及制作的项目产品，在学校、社区和学生及亲友家庭中进行了测试，经过完善，最终在学校、社区和各个家庭中推广。

教师项目反思

项目式学习鼓励学生从自然世界、社会生活中去自主发现问题，解决问题。

我们这次以"'丝绸之路'桌面游戏的设计与制作"为项目，就是源于生活，学生设计和制作桌面游戏，呈现对"丝绸之路"文化元素的理解，促进了学生实践能力的增长。

第一，学生的学习是"自主"的。同学在老师的引导下，以自己生活中喜闻乐见的桌面游戏的设计为载体，确定了项目主题"如何设计与制作以'丝绸之路'为背景的桌面游戏"。在前期准备活动中，学生设计调查问卷，走出校园、走向社会进行调查走访，市场调研。在考察研学中，学生根据自己所需，通过文本阅读、考察探究去解决困惑，了解"丝绸之路"的文化内涵，寻找自我感知与真实体验的差异。在设计制作中，自行拟订方案，设计桌游，修正调整，最终设计出了属于自己的桌面游戏。活动中，他们是研究主题的发现者、方法的实施者、作品的设计者、成果的推广者。这种自主的学习方式为学生的能力插上了翅膀。

第二，学生学习内容是"综合"的。语文课中的阅读与表达，数学课中的数据统计，信息技术课的资料搜集，科学课中的地域风貌，历史课中的历史变迁与文化交融，美术课的构图与设计——这种综合性的学习知识和内容为学生认识和处理未来的生活打下基础。

第三，学生学习方式是"实践"的。学生针对桌游设计在学校内进行调查走访，在超市进行市场调研，拟订活动方案，推广产品成果……这些都不仅限于书本知识的学习，而是实实在在的实践活动。

正是这种"自主的""综合的""实践的"学习方式促成了学生经验的增长和实践能力的提升。这就是"一次经历促进终生的成长"。

成都市锦江区名师工作室　李青

项目式课程 LUMA StarT 获全国一等奖，受邀参加芬兰 2020 **年国际** LUMA StarT **国际研讨**

第三篇　iPad 相关评价

教师技术整合的发展阶段评估

	初级阶段	发展阶段	掌握阶段	融会贯通阶段
资源利用	教师开始选择并使用科技和相关资源帮助学生学习，但在课堂中使用最多的是黑板、教科书、辅导教材等。	为了能给学生学习提供更好的支持，教师制订计划，帮助学生理解科技知识	教师使用现有资源和基于技术的相关资源，鼓励学生制定多样化的学习方式并参与技术学习。	教师和学生一起探索研究如何合理使用现有的科技资源，让学生有效地规划、管理、评估自己的学习过程。
教师角色	教师研究并与他人讨论帮助改善知识结构、提高创造能力的方法。在过程中，老师着重关注学生使用信息的安全性、道德性、合法性和健康性。	教师运用教学策略和方法提升和引导学生构建知识结构，帮助学生提升创造性思维的能力。同时，教师鼓励安全、道德、合法和健康地使用科技和信息来源，并帮助学生了解对于技术、数据和信息的安全性的潜在威胁。	教师通过自己的知识结构和创造性，帮助学生提升他们的创造力和创新能力。教师倡导并有效地知道学生在安全、不违背道德和不违反法律的基础上健康地使用技术和信息资源。教师在学生使用技术中教授学生如何应对知识产权、个人权利和安全性等相关问题。	教师和学生合作，让学生作为领导者参与到课堂活动中来提高他们的创造力、想象力和解决复杂问题的能力。教师通过鼓励学生制定规则、如何规范使用科技和如何应对滥用科技，让他们积极参与到安全、道德、守法和健康的环境中的科技和信息活动中。
教学活动	教师通过使用或完善现有的学习资源，设计和教学相关的活动并帮助学生完成作业。同时，教师在评估教学和学生学习时选择总结性和启发性的评估方式。	教师完善或创造新的教学活动，让学生能够通过多重不同的方式收集并反馈相关信息。同时，教师在评估教学和学生学习时开始自己设计总结性和启发性的评估方式。	教师设计并制定教学活动和计划适应学生的学习模式、偏好和学习能力，这样可以帮助学生设计问题并提出解决方案，同时收集到学生的学习反馈。教师为学生提供各种机会展示自己的技能和知识，以此让学生适应未来的教学和学习模式。	教学活动可以让学生自己设计问题、评估并解决他们提出的假设。学生设计的问题往往涉及复杂问题，他们可以和教师、同学甚至专家分享他们解决现实问题的方法和信息。教师鼓励学生发现并抓住各种机会，以此锻炼学生的能力，巩固他们学习到的知识，并且能更有效地适应未来的教学和学习。
学生角色	学生使用科技进行实验研究并收集相关信息。	学生使用科技工具收集、分析信息，同时在老师的指导下重新组合信息完成任务。学生开始探索和他们相关的自己感兴趣的问题。	学生使用科技收集、分析并整合信息，锻炼并展示批判性思维能力。同时，学生解决自己的研究项目的实质问题。学生使用科技来规划和管理自己的学习，并对学习的知识进行反馈整理。	学生和老师进行合作交流，选择并使用适合自己学习偏好、风格、学习内容的科技工具。通过使用这些工具，学生可以适应现实社会中存在的复杂问题，找出多重解决方式。学生能对自己的学习方法及思考方法进行管理、评估和优化。

iPad 学语文阅读科学量化评估标准

目标	任务	思考（关键字）	得分
1. 能够提问和回答和文中字词理解相关的问题。	1. 文章中有没有生字词呢？ 2. 请关于生字词提出三个问题并且解答这些问题。	1. 有（　　　）　没有（　　　） 2. 3.	2
2. 能利用文中的各种信息，如标题、表格名、小标题等，帮助自己理解文章的主要内容。	1. 你是否在文章中看到了标题、小标题，或任何段落外的信息呢？ 2. 如果你看到了，你有没有利用这些内容帮你理解文章？ 3. 如果有，怎么帮助的？ 4. 如果没有，为什么没法帮助？	1. 标题（　）小标题（　）其他信息（　　　　　　） 2. 有：我是从（　　　　　　　　） 3. 没有：因为（　　　　　　　）	2
3. 能够准确区分文字和图片提供的信息。	1. 你喜欢文章中的图片吗？ 2. 你能只看图不看文字就能讲出文章的内容吗？ 3. 你能只看字不看图讲出文章的内容吗？ 4. 你有没有将图片和文字联系起来理解文章呢？ 5. 如果有，怎么联系的？ 6. 如果没有，你是如何理解文章的？	1. 喜欢（　）不喜欢（　　） 2. 能（　　）不能（　　） 3. 能（　　）不能（　　） 4. 有（　　）没有（　　） 5. 有（　　　　　　　　） 6. 没有（　　　　　　　）	3
4. 能够运用绘画或文字表述文章的主要内容。	1. 你能否用一张图或者一段话复述文章的主要内容？ 2. 如果能，是怎么样的呢？	1. 能（　）不能（　　） 2. 能（　　　　　　　）	2
5. 能根据内容感受到文章创作的原因。	1. 你能思考出为什么作者在文章中表达这样的主要内容？ 2. 这样的背景还可以选择怎样的素材？	1. 能（　）不能（　　） 2. 这样的素材：① 　　　　　　　　②	2
6. 能对文章中的主要内容提问和解答。	自己提问和这本书或故事内容相关的三个问题，并且自己回答这些问题	1. 问题一 2. 问题二 3. 问题三	3
7. 能利用文章内的原文来介绍人物、故事的背景和设定、和故事主线。	使用双引号来引用故事中的词语或句子来介绍人物、故事的背景和设定故事的大概关键词句	1. 人物（　　　　　　　） 2. 故事背景（　　　　　　） 3. 故事关键词句（　　　　）	3
8. 能够确定故事、诗歌和小古文中能够表现感受或情感的字词和词组。	1. 能否在文章中找到表达情感或情感相关的词语？ 2. 如果有，这些词语是如何表达感情的？（该怎样回答） 3. 如果没有，能不能添加一个字或词在正确的位置表达情感？（好）	1. 词语（　　　　　　） 2. 直接表达（　　　　）　　间接表达（　　　　） 3. 添加的词语（　　　　　）	3
总分			20

iPad 小学数字故事、视频作品评估标准

	4 分	3 分	2 分	1 分	得分
来源多样（多样性）	创作的作品来源广泛：丰富的文本、多媒体、个人访谈和个人经验。	创作作品来源多样，有不同的文本、多媒体资源。	创作作品使用的来源和多媒体来源有限。	创作仅使用一种来源，且来源不可信或不合适。	
信息整合（创造性）	能够整合原始的或与众不同的方法解决问题，定位一个问题或在个人的基础上创造新的知识。	能够整合想法，可以用自己的原始方法解决问题，定位一个问题，或创造新的知识。	从其他人的想法中来整合自己的想法（如引自原文总结）。	想法是抄袭的或者是对其他作者的想法的重新组合。	
目标主题（明确性）	整个视频内用语言、文字、图片、视频等形式在适当的时候表达出视频的目标和主题，视频内容中的人物、地点、事件等都与主题紧密关联。	整个视频内用语言、文字、图片、视频等形式多次表达视频的目标和主题，视频内容中的人物、地点、事件等偶尔主题偏离主题。	仅在视频中用语言、文字、图片、视频等形式表达出一次视频的目标和主题，视频内容中的人物、地点、事件等偶尔和主题和目标关联。	在视频中没有表达出明确的目标和主题，视频内容中的人物、地点、事件等和主题和目标没有关联。	
制作计划（逻辑性）	作品的制作应有完整的提纲，并根据提纲确定相关的细节内容。制作过程能够按照提纲和细节的逻辑顺序完成。	作品的制作有完整的提纲。制作过程能够按照提纲的逻辑顺序完成。	作品的制作没有完整的提纲但是有关键字，作品能够体现每一个关键字。	作品的制作没有提纲，在个人的想法下无计划完成。	
视频编辑（流畅度）	视频片段间的转换，视频效果、编辑和视频的主要内容相关联，能够增加视频的流畅性，最重要的，不会影响观众的注意力。	大部分视频片段间的转换、视频效果、编辑和视频的主要内容有一定的关联，能够让视频变得流畅，大部分时候视频不会影响观众的注意力。	一半的视频片段之间的转换、视频效果、编辑和视频的主要内容有一些关联，视频编辑可以增加视频的流畅度，视频的剪辑会影响观众的注意力。	少于三分之一视频间的转换、视频效果、编辑和视频的主要内容有一些关联，视频编辑没有增加视频的流畅度，视频的剪辑会影响观众的注意力。	
总分					

备注：创造新的知识是学生消化多样性的信息来源后用自己的语言表达出的类似含义但内容完全不同的信息。

数字故事描述板

姓名   故事名称：   页码：

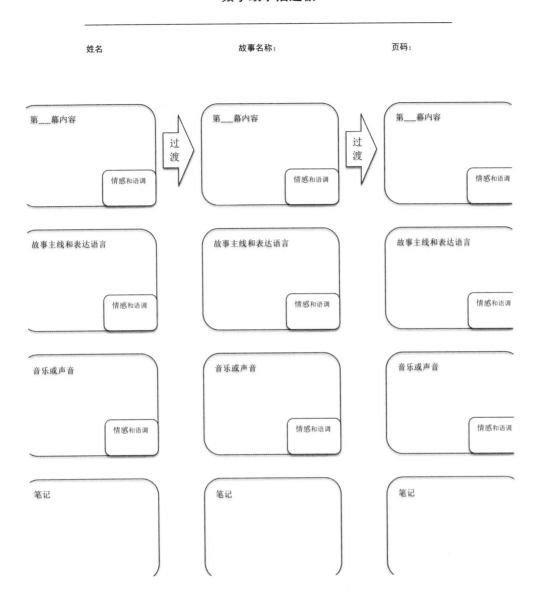

技术支持——全景课堂简约方案

■ 一、全景课堂简约方案

1. 系统架构

全景课堂主要分为教学系统与学习系统。

备课是教师操作最重要的功能，同时支持 Web 端和终端在线备课（在线时可以自动同步），并可在平板端动态调整任务和资源排序并实时同步到服务端；可将学生的学习任务锁定与解锁。

备课系统紧密关联着教本发布、题库、资源库、游戏学习库、微课库和 APP 库，需要分别在备课环节体现并进行整合发布。

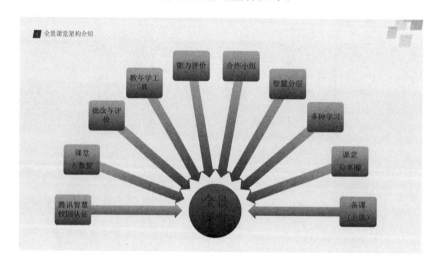

全景课堂架构介绍

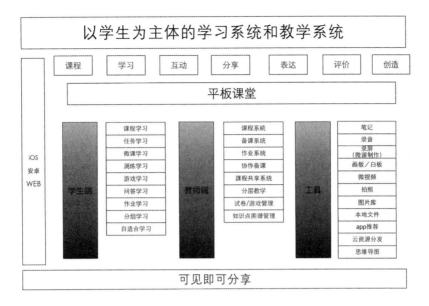

以学生为主体的学习系统和教学系统

| 课程 | 学习 | 互动 | 分享 | 表达 | 评价 | 创造 |

平板课堂

iOS
安卓
WEB

学生端

课程学习
任务学习
微课学习
测练学习
游戏学习
问答学习
作业学习
分组学习
自适合学习

教师端

课程系统
备课系统
作业系统
协作备课
课程共享系统
分层教学
试卷/游戏管理
知识点图谱管理

工具

笔记
录音
录屏
(微课制作)
画板/白板
微视频
拍照
图片库
本地文件
app推荐
云资源分发
思维导图

可见即可分享

2. 系统特色

●云+端的系统平台

基于云+端的系统平台，即时性和互动性强，在教学中有许多诸如选择、分享等即时生成的功能，分享圈在课内外都可以使用，促进了数据的采集与积累。

●课堂教学的数据采集

从课堂教学角度看，课前有数据帮助了解学习基础、课中有数据利于分层教学、课后有数据促进知识落地；从学生个人看，错题本等数据积累功能既是个人成长档案，又是知识回顾的重要依据；从学校层面看，利用大量数据可以分析教师的教学行为、整个学校教学的优势和弱点。本平台基于这些特点，对课堂教学进行了大量数据采集，对教育教学质量的提升有较大帮助。

●云平台+工具

平台注重云平台+工具的数据交互开发，对学生老师使用的各类常用学习工具，完全自主开发，从而打通了 APP 之间的数据隔阂，各工具的数据可以连接互通和调用。

●课程和数据设计

基于教育大数据支撑下的互动教学应用系统，实现将课程资源、学习数据、学习过程、分析结果等紧密关联，并基于课程标准的数据采集，将学习分享、学习过程、学习有效性检验的一系列完整的流程统一起来。

3. 重点功能

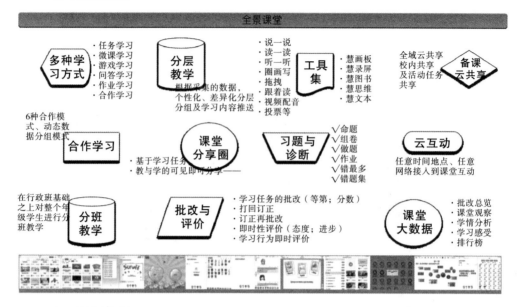

4. 核心亮点

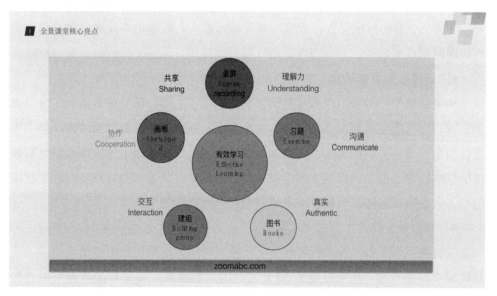

■　二、功能描述

1. 云互动

支持学生和老师从任意地点、任意网络接入课堂互动，将课堂扩展到无边界；支持互联网课堂同步、信息推送、文件同步；支持本地文件即时分发与师生共享；支持虚拟课堂的全班人数同步（使用受限于实际互联网带宽）；包括课程同步打开，远程异地可同步、锁定；任务同步打开；答题同步打开等。

2. 课堂系统

实现课堂教学功能；即时进行课程任务修改；任务内的 APP 资源，支持直接跳转到该 APP；支持播放 gif 图片；支持播放 flv、f4v、wmv 视频；同步资源到学生；同步习题到学生；支持即时拍摄微视频并分享；即时拍照并分享；即时保存 Office 和 iWork 文档并分享；即时将本地文件分享。

支持多设备跨平台，如苹果 iOS、华为安卓端，以及 PCweb 端、微信小程序端。

3. 用户管理

实现学生、老师、管理员等的帐户角色权限和管理，包括新增、批量导入、启用、禁用、重置密码、权限分配等；支持个人信息修改；头像更改；修改密码。

4. 巡课管理

巡课面板：教师可在巡课控制面板，即时获取学生信息进行评价、黑屏、投票、举手、抢答等；学生总数；在线学生人数；离线学生人数；学生头像、名称、当前界面显示；学生头像离线时为头像灰度状态，在线时为正常头像；黑屏管理（老师发出命令后 3 秒内学生完成黑屏）；支持随机点名；支持直接点人头评价；支持显示该课内的评价分数。

5. 分享圈

分享圈是全景课堂的一个重要功能，类似于建立了课堂社交（课堂不仅仅是 40 分钟的物理课堂），可见即可分享；可基于学习任务，将作品、笔迹、录音、录屏、微视频等发布于分享圈上，学生可以点赞，老师可以评论。

分享圈：将学习心得或结果统一展示，包括录屏内容、录音、图片、PPT、PDF、Word 和试卷习题等完整展示，其他文件以格式显示，方便学生老师即时识别；老师可将优秀分享设为精华分享；学生除了分享，也从分享中寻找解答。

6. 全屏分享

支持全屏展示、同步课程，并对课堂共享学习的内容进行展示、讲解、批注、圈画等。

学习心得或结果统一展示，包括录屏内容、录音、图片、PPT、PDF、Word 和试卷习题等完整展示，其他文件以格式显示，方便学生老师即时识别。

老师可将优秀分享设为精华分享；学生除了分享，也从分享中寻找解答。

7. 工具分享

支持画板工具分享：将素材和应用一并打包并直接分享，学生打开应用即可进行拖拖拽式探究。

支持录屏工具分享：可即时录制微课；可将即时录制的微课分享到个人、班级和小组和学习任务；并可以作为错题的解析微课和操作面批面改功能。

支持思维导图工具分享：支持对知识点进行思维导图训练、支持将学生思维导图与教师节点合并与展示操作。

8. 云共享

教师备课也是一种社交，不是教师一个人孤独的在码字贴图，而是在一个可以共享的社交圈里，查看、关注、获得他人的智慧并分享自己的心得，让科技具有温度，这就是云备课模块。

■ 三、学习系统

以学生学习为中心的学习系统，将学生放在了首位；学习是多种方式的学习，又是以任务驱动和数据驱动的学习。

1. 多种学习方式

（1）课堂学习

课堂学习既是传统学习，也是未来将继续延伸的最重要的学习方式。课堂，已经被互联网技术扩展为无边界学习：无论何时何地都可以获取资源进行学习、互动、交流和反思；老师无论何时何地都可以清晰地掌握学习动态，并随时修正教学；全景课堂的绝大部分功能，都可以为课堂学习服务。

（2）任务学习

任务学习是一种基于活动与任务的"引导式""问题式"（Problem－Based Learning，简称 PBL）和合作小组（Team－Based Learning，TBL）的学习；任务学习更关注深度学习，强调左右分屏：左边是任务资源，全部大图呈现，特别是图片、PPT、PDF、音频、视频等文件，方便学生清晰可见；右边突出了学习工作区，学习时，同时观看左边文件，可在右边操作，让学生有学习的参照物，而不再是不停返回、割裂任务资源和学习界面的设计。

（3）微课学习

基于 iPad 端的即时浏览微课进行学习。

（4）游戏学习

游戏学习的内容，与课程紧密关联，学生可以在游戏学习找到想要的内容；游戏学习分为：闯关模式和普通模式。游戏学习可以通过"连词成句、连连线、选词填空、圈音节、听力趣味宫、阅读理解"等句型方式，让学生有趣学习。

支持动态编辑游戏学习内容；支持连词成句、连连线、选词填空、圈音节、听力趣味宫、阅读理解等句型；支持游戏卷导入资源库和课程；支持游戏闯关；支持游戏学习的即时数据统计。

（5）问答学习

通过提问，寻求答案；在学习任务里，或者基于知识点问答，每个学生都可以提问，寻求答案。

（6）APP 学习

支持 APP 进行统一管理、推荐，可按学科分类查找，可将 APP 添加到课程任务中，作为教学资源。

（7）作业学习

作业是老师布置的学习结果考察任务，学生在规定时间内完成学习任务，可以采用富文本的方式进行作业。

（8）合作学习

合作学习可以基于主题活动开展学习，也可以自由分组、动态分组、固定分组进行学习。

（9）自适应学习

自适应学习是一种新型的自主学习方式。基于教育大数据分析，自适应学习更强调人机互动学习，系统即时采集学习数据，即时给予判断、统计分析和干预支持。目前，系统只自动提取题库里标志为"未做习题"的习题，作为个性化推送内容推送到学生端。

2. 作业批改与评价

●支持作业批改：图片提交作业可圈画并保留批改痕迹；工具提交的作业，可进行"已批"和给分（或等级制）。

●可对作品进行评价。

●可自动收集统计错题成集。

3. 分层分班教学

（1）分层教学

支持在行政班或走班制的基础上，针对整个年级的学生，进一步进行分班分层（微班教学）；支持导入走班学生。

支持学年中间可随意分层、组班、走科、走班；针对 STEAM 课程可进行跨年级的分层（加入选课）；支持分层班的完整教学功能。

可按学科年级自定义组织小班教学，可在小班内自定义学习任务，文字任务、图片多图任务、画板任务、录屏任务、录音任务、微视频任务、习题任务、资源任务、游戏学习任务、微课任务、图书制作任务、第三方APP任务、合作小组任务、投票任务、抢答任务、Q&A任务、讨论任务，以及进行学习分享。

课堂上的测练学习是常用的教学手段，通过分层教学功能，实现动态分组；可为每个小班分发不同难度的测练内容。

（2）分班功能

支持每学年（学期）开始，重新分班编班。

4. 合作学习

（1）合作分组

可实现组内的学习内容即时分享；可在做完习题测试后，立即按照统计结果进行动态分组，即时转换为分层学习；可在组内分配不同角色给每个组员，协同完成任务。

（2）合作模式

●四种分组方式：自由分组，指定组长分组，动态分组，固定分组。

支持老师任务内开启分组，并可以自由设置是否需要学生自主创建组功能；一个课程可建立多个分组；老师、学生分组状态显示；分组内小组成员显示；老师可以创建分组；老师可以添加学生到分组；老师可以删除分组；老师可以将学生从组中移出；学生可以自主建组；学生可以自主关闭自己创建的组；学生可以自主退出组；老师或学生对组的任何操作，班内其他学生需在3秒内收到组更改的信息。支持老师可以对小组进行加星和减星；支持老师对小组文字评论；支持组长对其他小组文字评论；支持组内成员间相互评价；支持老师随时向小组推送资源，资源来源包括：课堂内的教师专用资源、资源库、试卷库、文本、链接、图片库、APP、录屏、游戏卷、图片库、画板。

（3）投票合作

5. 即时评价

学生作为一个完整的人，在其健康成长所必需的各个方面，都应获得平衡与充分发展。例如，认知和非认知发展、身体与心理发育、科学与人文素养等方面。若有所偏颇，就会造成学生某一方面发展的不充分，形成学生在全能发展各个方面的不平衡。

从学生整体而言，每一个学生都能够找到最适合自身发展的路径，获得平衡与充分的发展。因为学生存在着差异性和多样性。如果用同一套标准、一把尺子去要求所有学生，对一部分学生而言，势必会造成他们的不充分发展，从整体上就会呈现出学生之间发展的不平衡。

（1）评价场景

支持随时随地进行评价（只要有学生头像即可点击进行评价）。

支持对一组学生或全部学生一键评价。

支持嵌入到课程内，针对个人进行评价、小组评价和全班评价；可按时段周期统计评价结果。

支持老师对班级全部学生统计评价。

学生显示每个评价的具体内容，包括文字、图片、语音。

支持学生查看所有评价分类统计的分布图。

支持课堂点评功能。

（2）评价工具

支持笔、直线、实心圆、空心圆、实心矩形、空心矩形、点等多种笔触。

支持笔触颜色选择；支持笔触透明度选择；支持橡皮擦功能；支持撤销、恢复；支持添加图片；支持添加网页（支持网页截图添加）；支持添加文件截图；支持全部清除；支持作品分享到班级、小组、学生。

（3）评价指标自定义

支持评价指标自定义为校级素养指标和老师评价指标；支持将校园文化符号图标添加为评价图标。

（4）多方式评价

支持文字评价；支持语音评价；支持图片评价；支持评价星级。

■ 四、教与学工具

1. 笔记

笔记功能支持纯文本的内容输入，学生对于课程内容的记录或者是老师留的课后作业都可以通过笔记功能记录并分享。

2. 拍照分享

拍照功能较为简单，用于分享实时拍摄的图像。点击拍照后会自动跳转到照相机进行拍摄，完成后即可进行分享。

3. 图片库分享

图片库分享的同样是图片，但属于 iPad 本地的。学生可以将预先在互联网搜索到的资料进行截图保存或是预先拍摄好的照片进行调用分享。

4. 分享本地文件

除录音、图片及视频以外，全景课堂还支持本地文件的调用分享。下面以 Keynote 为例介绍。

在全景课堂中接收文件并可对其进行命名；完成后在分享圈中选择本地文件，于列表中选择刚才保存的 Keynote。

选中文件后预览确认无误即可点击发送进行分享操作。

5. 微视频分享

微视频分享与拍照分享原理相同，但是以视频方式呈现的。但由于容量限制，只能够上传不超过 1 分钟的视频。

6. 录屏工具（微课制作）

录屏工具主要应用于老师在课堂内外，可即时录制重点、难点、疑点内容发给学生；可录制答题全过程，或录制整个屏幕操作过程的手势、痕迹和语音。

利用录屏，学生可以录制答题过程提交给老师。录屏也可在后台添加微课视频，绑定知识点作为微课学习。

录屏文件列表展示，显示录屏时间、名称；支持笔触粗细选择，支持多达50 种粗细；支持三种常用笔触颜色设置；支持更改三种常用笔触颜色；支持更改笔触透明度；支持橡皮擦；支持添加图片库图片；支持添加拍照图片；支持添加网页浏览和网页截图添加；支持添加 Office 和 iWork 系列文档；支持添加任务图片；支持一次清除所有绘画；支持上一页、下一页；录屏播放时间进度显示；录屏播放暂停；录屏播放恢复；录屏播放以 60fps 帧率播放；录屏文件大小在一般情况下 5 分钟内小于 5m；支持录屏文件上传到资源库；支持录屏文件发送给学生；支持录屏操作保存。

7. 问答

问题区分任务，每个任务都有单独的问题列表；我的问题展示；全部问题展示；问题内容、学生名称、时间显示；回答内容、学生名称、时间显示；添加新问题；回答问题。

8. 画板/白板工具

支持笔、直线、实心圆、空心圆、实心矩形、空心矩形、点等多种笔触；支持笔触颜色选择；支持笔触透明度选择；支持橡皮擦功能；支持撤销、恢复；支持添加文字；支持添加文字大小更改；支持添加文字颜色更改；支持添加图片库图片；支持添加拍照图片；支持添加网页（支持网页截图）；支持添加文件截图；支持添加资源库的 Office 和 iWork 文档截图；支持清除全部绘画；支持清除全部文字、图片；支持文字位置移动；支持图片位置移动；支持文字、图片上下层更改；支持上一页、下一页；支持删除本页；支持绘画保存；绘画列表展示；支持画板内容分享和上传。

9. APP 推荐列表

支持 APP 应用添加；支持应用推荐列表显示；支持 APP 应用分学科搜索；支持显示该 iPad 已经安装了哪些 APP；支持应用添加到课程资源；支持应用在课堂内跳转；支持删除应用。

10. 图书工具（阅读）

支持图书制作；支持图书尺寸方式为 2 种以上；支持导入附件，附件格式为文字、语音、图片和视频；支持附件之间层次变换；支持附件删除；支持语音裁剪、锁定；支持文字中文字体选择、字体颜色更改、底色更改、字体大小更改、斜体、文字下划线；支持图片裁剪、叠层、锁定、复制、90°转向、旋转等；支持图片添加网页链接，并可在阅读时打开链接；支持 Office 文档和 iWork 文档截图后，加入书中；支持全屏播放；支持将图书导入学习任务。

支持页面换色；支持背景音乐；支持从图片库、资源库导入内容；支持直接相机拍照获取照片；支持直接录像获取视频；支持双向格式替换；支持学生制作，老师点评或批改。

11. 思维导图

支持个人绘制关系图；支持图像插入。

支持小组合作绘制关系图。

支持教师控制中心节点、学生延续次节点进行思维导图；支持学生的思维导图拖拽到教师中心节点合并，进行对比。

12. 支持格式

文本；链接；试题：选择题、问答题；试卷；录屏文件；应用程序（APP）。

文档格式：pdf、rtf、txt（utf8）、keynote 文稿、pages 文稿、numbers 文稿、word 文稿、excel 文稿、ppt 文稿。

图片格式：png、jpg、jpeg、bmp、gif。

视频格式：mov、mp4、mpv、3gp、flv、m4v、wmv、f4v、ogg、vob、mkv。

音频格式：mp3、m4a、aiff、wma。

■ 五、基础数据管理

校园系统	基础数据管理	学校信息	学校名称，所属区域，上级学校，校长，电话，校址，邮编，邮箱。
		学校类型	小学，初中，高中。
		学校学科	学校所有学科定义。
		学校年级	学校所有年级定义。
		学期管理	学校学期定义。
		学年管理	学校学年定义，设置学年、开始日期、结束日期。
		星期管理	周一到周日定义。
	师生信息管理	教师管理	登录名，姓名，性别，班级，入学学年，状态，创建时间，操作，批量导入导出。
		学生管理	登录名，姓名，性别，班级，入学学年，状态，创建时间，操作，批量导入导出。
		角色管理	新增角色，角色名称，是否可用，备注，更新时间，操作。
		角色配置	可配置学生、教师、管理员、审核员、家长。
	教学常规	教师学科	教师与学科等数据关联。
		教师年级	教师与年级数据关联。
		教师班级	教师与行政班等数据关联。
		教师小组	教师与小组等数据关联。
		教学统计	备课统计，资源统计，评价统计，星评统计。
	课程管理	国家课程	国家课程。
		校本课程	校本课程（自建课程、跨学科课程）。
	定制管理	个性定制	定制学校首页（Web 端和 iPad 端）。
	班级管理	行政班	班级代码，班级名称，所属年级，入学学年，班主任，班级人数，操作。
		分层班	新增分层，按学科年级分层，功能定义。

1. 教学管理

教学系统	上课系统	备课方式	协作备课；分享备课
		上课同步	课程同步打开；任务同步打开；答题同步打开；课程同步打开。
		全屏展示	全班学生作品在同一个屏幕展示。
		多选讲评	可多选最多 8 个学生作品动态讲解，画笔功能。
		双屏学习	左右分屏，左列任务资源，右列学习区和工具。
		动态分组	（四种分组方式）直接建组、指定组长分组、固定小组、习题统计结果分组。
		黑屏	

教学系统	上课系统	随机点名	课堂同步；大屏展示；数据呈现；纠错讲解。
		抢答	
		投票	
		任务管理	任务锁定（解锁）。
	分层教学	分层教学	可按学科年级自定义组织小班教学，可在小班内自定义学习任务、文字任务、图片多图任务、画板任务、录屏任务、录音任务、微视频任务、习题任务、资源任务、游戏学习任务、微课任务、图书制作任务、第三方 APP 任务、合作小组任务、投票任务、抢答任务、Q&A 任务、讨论任务，以及进行学习分享。 课堂上的测练学习是常用的教学手段，通过分层教学功能，实现动态分组；可为每个小班分发不同难度的测练内容。
	反馈系统	同屏控制	上课同屏；任务同屏；任务锁定、解锁；黑屏控制。
		课堂观察	动态数据可视化仪表盘：表达能力、探究能力、合作能力、互动能力、学习测评等动态观察；系统的反馈信息通过仪表盘的形式及时呈现给学生和教师，便于对学习状况直观了解。系统提供给两者的内容是不完全相同。

2. 任务管理

支持课程学习单元添加、删除、更改；课程学习单元添加多个课程任务；课程任务添加、删除、更改；课程任务的单元内拖动排序；课程任务的跨单元拖动排序；课程任务内可以添加多个不同种类的资源（资源类型须符合资源格式支持说明）；课程任务内可以删除已有资源；备课统计；协同备课；分层教学备课；支持小组备课，可随时加入或移除备课老师。

3. 平台管理

总平台管理和子平台管理，可以直接管理下级平台的各种权限；可按区教育、终端登入日志、终端上传日志管理；密码重置管理。

后 记

双向建构　设计思维　追求更优

第一部分　观察　倾听　解码

　　新校长初到学校，如何开展自己的工作，从何处开始，何时开始？显然"新官上任三把火"的冒然行进不是最优选择。必须从全局出发，有科学的定位方能行动。管理者不要封闭自己，要开放自己，视野正确的方向只有通过亲眼所见、亲耳所闻才能准确解码。找到学校发展的起点与原点，才能真正找到未来发展的方向。

■ 一、一个观察者

　　一个理性的观察者一定是带着目的与思考。进入学校后，我聚焦学校的核心主体人群——教师、学生、家长。一是走近教师，看常态课堂、常规教研、活动的运行状况；二是走近学生，看学生的课堂学习、校园生活、活动过程的参与状态；三是走近家长，看学校家长整体风貌、家校合作的常态沟通情形。

■ 二、一个倾听者

　　初到学校，为了对全校教师有一个全面了解，我已准备好按照科学的方法对全校老师进行一对一访谈，这个想法还没开始实施，我的办公室里就走进了几位教师。其中印象深刻的有以下两个故事：

【个案 1】刘智勇（拿着课程方案讲 STEAM）

　　一次放学后，刘老师带了两份打印件来到我的办公室，说想尝试一项课程。

我打开一看，题目是《成师附小万科分校机器人校本课程方案》和《……计划》。刘老师说："现在的信息技术课程教材很简单，对学生来说缺乏挑战。同时，北上广等发达地区早已将机器人课程纳入信息技术课程中，据我了解，成都很少有学校将机器人课程作为常规课程纳入教学中，我校是四川省教育技术示范校，我想能不能在学校尝试一下呢？"

【个案2】杜玉（全景平台下的一对一个性化教育）

记得杜玉老师走进我的办公室那天是一个上午，杜老师是学校资历最老的一位名师，很清晰地记得她那天和我说，目前教育前沿地区——上海做到的基于全景平台的一对一教学技术，介入我们正在研究的个性化教育，是非常有力的一种促进手段，沿海几座城市的校长和骨干老师想来和我们一起进行这个领域的研讨，这种共研与学术共进能不能在学校开展呢？

我觉得这种思考非常前沿，需要给予支持、提供平台。于是刚到学校还不到一个月的我立即将想法向教育局汇报，得到教育局和电教馆的大力支持，这才有了一次学校在全国层面进行的基于平台的一对一个性化教学的学术研讨活动。我们组织老师们研讨磨课，呈现了学科语文、数学、英语和跨学科科学与信息整合的课例和专题报告，得到了全景课堂上海课程专家的高度评价，我们学校也因此受邀在华东地区基础教育数字化课例上展示和专题发言。学校被评为全国数字化联盟理事学校。

学校里像这样走进校长办公室的老师还有很多：音乐老师来讲自己的合唱发展项目，数学好玩项目组、语文组老师说自发设计的动力加油站要更新与更优。同时，我也经常会收到老师们送的书。他们送我关于前沿领域的文献复印稿，送我《校长日记》，等等。就是在这样的真实倾听与观察中，我强烈感受到万科分校老师对自我完善与自主革新的满满热情，对于专业的深度创新发展的强烈愿望。

■ 三、一个解码者

作为一个观察者和倾听者，我慢慢融入其中去解读这所优质学校的文化基因和优质密码。的确如传言一般，它有着一所优质学校的内核。

在"爱满天下""知识为公"的办学理念之下，全校师生有共同的价值观与信念；学校有一支有着强烈发展意愿的教师队伍；学校有成熟的课程架构和常态运转的教研自运行文化；学校有良好的口碑，家长群体对学校高度认同，他们对学生不仅有学业发展的高要求，同时对学生未来全面素养发展有着高期待。

想到此，作为新校长，我感受到一种极大的挑战，面对一所如此优质的学校，要寻求更优的发展，该怎样引领组织前行？

第二部分　传承　成全　建构

我们要进行传承创新，就必须回到教育的本原，何为教育之本？那一定是促进人发展的教育。所以，我想设计与创新的核心一定是紧紧围绕学生的发展：一是抓校园中支持学生发展的人；二是抓支持学生发展的课程与教学，聚焦于学校自下而上、自上而下的双向建构。

■ 一、看见团队　看见校园中的人

1. 管理团——解读团队，差异设计发展路径

管理团进入学校不久，将现任的管理团队进行模块重组统筹，助力新进有发展潜质的教师融入管理队伍。

管理者模块	差异定位	策略定型	培养定路
行政管理	成熟期	共享型策略	分权共研
	拔节期	支持型策略	授权激励
	入门期	指导型策略	提供支架　常态指导　对口指导
中层管理	年级教研组	放权型策略	分层赋权　自由意志
督学管理	特长风格教师	扬长避短策略	发现激扬　赋能成全

2. 教师团——问题解决　驱动培育高阶思维

面对有自主发展意愿的教师团队，我们以解决问题为导向，培育教师高阶思维，对不同梯队的教师给予不同的驱动方式：一是提供项目驱动，二是提供任务驱动，三是提供行政驱动。以此培养教师解决问题的意识，设计解决问题的工作目标，系统思考解决问题的方法，追求解决问题的质量水平，真正在解决问题的过程中培养教师的高阶思维能力。

3. 校工团——情意共生　共建校园归属文化

2020年，在孩子们身上发生的一件小事让我感触颇多。6年级4班的几个孩

子在一个放学后的下午自发地给学校的校工张爷爷送去了花生、饼干和他喜欢的"老白干"，我问他们为什么这么做？他们说："我们想感谢张爷爷每天辛苦地为我们服务，在我们心里他就是'万能的张爷爷'，只要我们教室里有什么用具坏了，求助张爷爷，他都第一时间回复，立即帮我们解决。"其实不仅孩子们这么说，老师们也对张爷爷赞赏有加，能马上修好的张爷爷绝不多耽搁一分钟，不能马上修好的，张爷爷就利用晚上或周末的时间加班加点也要全力修好。这样的敬业与亲切感动了孩子们，才有了孩子们的"老白干"行动。

其实不只张爷爷，学校校工团队中的保安队、清洁组、绿化组的叔叔阿姨们近来也被家长、老师、孩子们称赞。他们说："老师们总是对我们频频微笑，孩子们时常用这种感恩的心与行动对待每一位校工，我们感受到在学校里自己同样是主人，归属的文化、真挚共建的情意让我们愿意热情地投入自己的工作中。"我们在管理中把管理中的人放在更重要的位置，用立体的管理思维去回应校园中的每一个人，哪怕是易被忽视的校工群体，在有标准、有激励、有分责、有反馈的管理中才有了今天的万科分校校工团队。

■ 二、设计整体　设计发展中的谱

学校在新三年发展规划中明确提出未来发展的三高战略目标：高品质课程、高质量教学、高品位办学。我们基于顶层的设计与规划，聚焦四个关键词进行统筹思考，描画期待的育人愿景：育人目标、培养模式、课程开发、课堂改进。

1. 育人目标：高阶发展＋适性发展

基于学校培养"健康、智慧、责任的人"的育人目标，我们进一步聚焦于未来学生的高阶发展和适性发展。一是高阶发展，从发展的空间、发展的时间、发展的质量三个维度直指学生的高阶思维。二是适性发展，即适应学生个性差异的发展。其实质就是着力培育和提升学生的广泛适应力。

2. 培养模式：整体育人＋实践育人

整体育人，以"统整"作为突破口，促进学生的深入理解、整体建构，从而达到学生自我的不断突破与实现。实践育人，简言之，是学习要在真实问题中、生活情境中、社会活动中、多样体验中才可能真正实现内化、融通和迁移。

3. 课程开发：全面的项目化

基于课程的升级迭代，通过学科活动的项目化改造和跨学科的项目式学习两种方式进行全面的项目化课程的开发。此外，在课堂改进方面，我们利用斯坦福大学设计学院的理念，通过设计思维的方法论和原则，促进项目学习在学校课堂转型中落地。

■ 三、完善自我 完善愿景中的学

1. 一个故事引发的项目式萌芽

故事要从学校里一次备课组总结会上说起，在会上巫智丹、刘智勇老师展示了孩子们设计制作的轮椅，这些轮椅都是为了行走不便的残疾群体设计与制作的。老师们惊讶于每个组作品的创意贴心、设计创新。我们赞叹之余，更惊讶孩子们做这个设计的初衷竟然是源于他们的一位特殊同伴：学校里有一位残疾孩子，不能自理行走，依靠一位保姆阿姨从早到晚寸步不离陪伴她上学、生活，她走不了楼梯，阿姨就背着她上楼，放学后的操场也能经常看到这个孩子的阿姨或妈妈陪她练习行走。随着年龄的增长，小姑娘长高了长壮了，年级升高了，教室从1楼换到了2楼、3楼、4楼，阿姨背她显得越发艰难。同年级的孩子们每天目睹这样情景，决定和信息技术老师一起为这个同学设计一个特殊的轮椅，解决上学上下楼的困难。这就是最初学生们经历过的一个小项目，它来源于孩子生活的学校，来源于身边最真实鲜活的伙伴，从而迸发出他们的极强的学习动力。

2. 一次课程尝试引发的项目式生长

经过这次尝试，在2020年开学初，教导处便接到信息技术备课组主动提交的关于进行跨学科的项目式学习课程的实施计划书。信息技术备课组因为感受到学生在上一次项目式学习过程中的极大变化，希望进一步开始进行实践性研究。他们希望教导处给予他们课时支持，即整合落实信息技术与项目式课程，使学生的项目式学习研究有周课时的保障。信息技术老师在技术上有极大优势，但在审美、表达、组织团队等方面还有不足，在团队组建中首先吸纳班主任、语文老师、美术老师。和相关的学科老师一交流，大家一拍即合。

项目组老师按学校要求，在课程的总目标、阶段目标、实施过程的细则上进行了多次调整，走进了三个试点年级学生的课程之中，项目式学习从那一刻起开始在万科分校的土壤开始生长。

3. 一种不谋而合的双向融通

看到老师们的两次自发思考，我们顿悟：学校一年前就有研究STEAM的基础，同时是数字学校，教师自身的信息素养也较强，前面做的尝试都是在解决校园内学生的真实问题。这和斯坦福大学的设计思维的理念、项目式倡导的方式不谋而合。"设计思维"发源于设计界，后来被各行各业借鉴，斯坦福大学设计学院把它归纳成一套科学方法论，包括同理心、聚焦、构想、制作、检验、分享 5个步骤（如下图所示），从中引导孩子们以"人的需求"为中心，通过团队合作解决问题，获得创新。

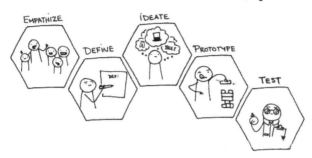

首先，设计思维是以完成任务或解决问题为目的而进行的分析、研究、构思、规划等思维活动，当下的教育也正处于变革转型的关键时期，这样的时代，需要有大设计、大格局，对于整体系统的思考与构建，需要我们通过设计思维来思考教育，解决教育中一个个真实的问题。

其次，设计思维的重要特质就是超越与创新。这些特质不正和项目式学习基于真实学习过程的特质不谋而合吗？不正和核心素养导向的学生培育观不谋而合吗？

此刻，教师发展意愿与学校发展意志不谋而合，高度融合，成为一体。这样的"合"让我们把聚焦于设计思维的项目学习研究的小项目，作为现阶段学校教学改革与发展的重点努力方向。

第三部分　发现　出发

我们通过一年多的实践，从学校内涵、教师队伍、学生状态、家长回应上，感受到这种新的课程形态和学习方式带来的可喜变化。

1. 教师更优

通过尝试，我们明显感受到研究项目推动了老师的创新思维与变革行动的持续热情与内力。2021 年，我校有 4 个区名师工作室通过了区教育局的答辩申请，在近 2 年内，4 位老师被评为区特级教师，其中 1 位老师评为市学科带头人。

2. 学生更优

学生在这样的学习过程中，学习动机高涨、思维高阶、理解有深度、实践有创新。我们的孩子通过项目式的学习进一步实现了学力提升与核心素养发展，近3年来一共有4个不同年级的教师团队和学生，在参与区级的学科质量监测中一直处于区域内的高位稳定的态势，也为我们的下一步的研究纵深提供了重要的支持。

当然，在管理项目式学习研究的过程中，学校的管理理念与行为又一次得到了更新与提升，无论是以设计思维的方法论融入学校管理的探索实践，还是以项目式的理念来设计管理学校的一个个小项目，都需要我们持续学习与改善，以开放心态进行管理，坚持超越与创新。

成师附小万科分校校长　刘莉

成师附小万科分校副校长　文陈平